COMO HACER
REGALOS Y OBJETOS CON PINTURA

Como hacer
Regalos y Objetos
con Pintura

Gillian Souter

libros
cúpula

Fotografías: Andre Martin

Título original: *Paint Craft Gifts & Projects*
Traducción: Jorge Conde
© Gillian Souter, 1996
Esta traducción de *Paint Craft Gifts & Projects*, publicado en 1996,
ha sido realizada de acuerdo con Off The Shelf Publishing

© Grupo Editorial Ceac, S.A., 1998
Para la presente versión y edición en lengua castellana
Libros Cúpula es marca registrada por Grupo Editorial Ceac, S.A.
ISBN: 84-329-2347-8
Depósito legal: B. 47.081-1997
Industria Gráfica Domingo, S.A.
Impreso en España - *Printed in Spain*
Grupo Editorial Ceac, S.A. Perú, 164 - 08020 Barcelona
Internet: http://www.ceacedit.com

No se permite la reproducción total o parcial de este libro, ni el registro en un sistema informático, ni la transmisión bajo cualquier forma o a través de cualquier medio, ya sea electrónico, mecánico, por fotocopia, por grabación o por otros métodos, sin el permiso previo y por escrito de los titulares del *copyright*.

Introducción

Al mencionar la palabra «pintura» uno suele imaginar solemnes retratos de personajes ilustres, profundos paisajes y naturalezas muertas. Algunas personas pensarán en grandes superficies y paredes decoradas con mucho esfuerzo y tesón. Otros pocos, no obstante, se entregarán a sueños coloristas que recrear a partir de una paleta improvisada y un par de brochas. El presente texto le anima a explorar la «tierra media» del mundo de la pintura, empresa no muy ambiciosa aunque ciertamente gratificante.

La pintura se adecua a todo tipo de superficies –madera, vidrio, cerámica, papel–, requiriendo cada una de ellas un enfoque diferente. Existen ciertas técnicas básicas de iniciación: la pintura a la esponja, al trapo o incluso la técnica del salpicado. Aunque algunas de ellas puedan parecer muy asequibles, no por ello dejan de albergar una belleza intrínseca capaz de crear sofisticados efectos. Tanto las técnicas mencionadas como las peculiaridades de los diferentes soportes son analizados capítulo a capítulo, incluyendo tres proyectos de muestra:

Un objeto personal, ideal para regalar

Algo útil para la casa

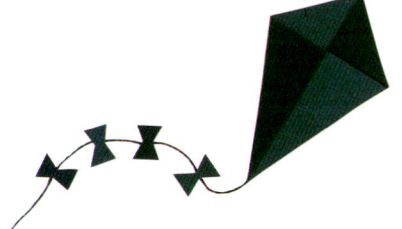

Un juguete o divertimento para los más jóvenes

Muchos de estos objetos pueden ser estupendos regalos por lo que se incluyen asimismo ideas para confeccionar envoltorios y tarjetas de felicitación. Si su paciencia no le permite llevar a feliz término un proyecto laborioso, siempre puede simplificarlo o dividirlo en dos más sencillos.

Sumario

Las pinturas   8
Utensilios   10
Técnicas básicas   12

Papel   16
Madera   24
Telas   32

Porcelana   40
Arcilla   48
Vidrio   56

Al trapo y con esponja 64
Rayado y raspadura 72
Salpicado 80
Materiales impermeables 88

Marmolado 96
Estampación 104
Impresión monocroma 112
Estarcido 120

Dorados 128
Falsos acabados 136
Envejecimiento 144

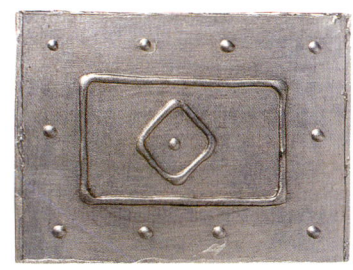

Obsequios 152
Patrones 156
Indice 160

Cómo hacer regalos y objetos con pintura

Las pinturas

El ingrediente básico de la pintura es el pigmento, esto es, finos y minúsculos gránulos de color. Estas partículas se mezclan con una sustancia aglutinante cuya naturaleza define el comportamiento y las propiedades de la pintura.

Tanto el *gouache* como los tintes empleados en rotulación y cartelismo son opacos y de base acuosa. La témpera es muy asequible e ideal para niños o principiantes.

La pintura acrílica, también al agua, posee un aglutinante de polímeros que propicia el secado rápido y una gran flexibilidad. El acabado de algunas de ellas es mate, otras producen un acabado brillante y esmaltado. En la mayoría de los casos, la paleta de colores es muy amplia.

La acuarela está compuesta de pigmento de grano fino aglutinado con goma arábiga. Produce efectos transparentes por lo que es muy recomendable para trabajos sobre papel.

Las tintas para marmolado y seda son de uso específico.

El óleo, una mezcla de pigmento puro y aceite vegetal, se manipula de un modo un tanto diferente: debe ser rebajado con esencia de trementina o un disolvente de tipo mineral y su secado es lento. No obstante, proporciona colores y texturas de gran riqueza.

El médium aglutinante determina el comportamiento de la pintura según el soporte empleado: la acuarela no se adhiere sobre porcelana; la témpera se agrieta en tejidos flexibles. Existen en el mercado pinturas diseñadas para fines específicos, que por lo general tienen un precio elevado; otra opción consiste en combinar pintura con un médium o sustancia de formulación específica. Para mayor información, véase la página 12. Si son niños los que han de manipular estos materiales, asegúrese de que su composición no sea tóxica.

Si desea realizar numerosos proyectos, debe comprar los colores primarios en distintas calidades y tipos de pintura. Esto le ayudará a ampliar los horizontes de su talento creativo.

La pintura acrílica es quizá la más aconsejable y versátil.

Las témperas pueden adquirirse en polvo, en barra o líquidas.

Las pinturas

Algunos tintes para tela se fabrican con aplicador de uso directo.

La acuarela puede adquirirse en tubo, en porciones o como lápices acuarelables. Estos últimos son especialmente fáciles de usar, dibujando primero para luego aplicar un pincel húmedo. Todas las ilustraciones de este libro se han coloreado con dichos lápices.

La pintura al óleo es generalmente cara y su técnica es más compleja. Sólo se aconseja en unos pocos proyectos.

Existen pinturas específicas para superficies no porosas, como el cristal y la porcelana. En su mayoría deberán ser fijadas mediante el uso de un horno doméstico.

9

Cómo hacer regalos y objetos con pintura

Utensilios

Aunque lo más común sea la aplicación con brocha, cualquier utensilio resulta apropiado para extender la pintura. Puede encontrar brochas de las más variadas formas y composición, siendo muy importante seleccionar la más apropiada para cada proyecto. Las brochas planas son perfectas para cubrir grandes áreas. Las redondas se adaptan mejor a otros fines: la obtención de estriados o de trazos decorativos. Asimismo, pueden cortarse a voluntad las cerdas de una brocha plana para trabajos de precisión; o bien recurrir a pinceles finos para los detalles.

De igual manera, encontrará brochas de pelo suave, fabricadas con nailon o pelo natural, así como las de cerdas duras, típicas del estarcido o los trabajos de salpicadura. Experimente con diferentes brochas y trazos. Al concluir la sesión, límpielas con agua y jabón y almacénelas con las cerdas hacia arriba.

Se puede pintar también con esponja de mar, con cepillo de dientes, al trapo o con otros objetos domésticos. Cualquier cuenco, cacerola o recipiente servirá.

En cada proyecto se detalla el material básico empleado. Si se incluye el término «material de pintura», necesitará un recipiente para el disolvente, brochas adecuadas y papel de periódico para proteger la zona de trabajo.

Izquierda: materiales para el calco de diseños.

Utensilios

Los papeles de lija de diferente grosor son muy útiles en determinados proyectos.

Los tubos de película fotográfica resultan idóneos para almacenar pequeñas cantidades de pintura acrílica.

Los bastoncitos de algodón permiten realizar pequeñas correcciones.

La brocha de esponja es un ingenioso artilugio para extender uniformemente una emulsión pigmentada.

Bajo estas líneas se muestran distintos tipos de brocha: una para la imprimación de base, dos de tipo plano, una redonda y un pincel fino. Seleccione la más adecuada para la tarea que vaya a realizar.

La cinta adhesiva para enmascarar resulta muy útil a la hora de sujetar plantillas, así como para hacer reservas de color.

Técnicas básicas

No se deje intimidar por la superficie en blanco. Aplique la pintura con soltura, extiéndala con un rodillo o simplemente salpique el soporte. Acto seguido, proceda según las técnicas del rayado, el difuminado o elimínela parcialmente con un trapo. Ninguna de estas técnicas requiere de una preparación específica. Al dibujar a mano alzada, no titubee y confíe en su destreza.

Las técnicas empleadas en los diferentes proyectos no son siempre las mismas. Las páginas introductorias de cada capítulo analizan los procedimientos que debe seguir, por lo que su atenta lectura es muy recomendable. Los proyectos propuestos son un punto de partida asequible y estimularán, sin duda, su creatividad.

El empleo del médium pictórico

Un médium es el líquido a través del cual se vehicula el pigmento con objeto de alterar sus propiedades. Existen múltiples tipos de médium en el mercado, con los que se puede alterar la consistencia, el brillo en el acabado, la flexibilidad o la adherencia de la pintura.

Si desea espesar la pintura, puede emplear pegamento blanco, cola (no fungicida) para empapelar o cualquier médium comercial. Dependiendo del médium utilizado, variará el grado de opacidad de la emulsión, siendo las más transparentes aquellas que se secan lentamente y permiten una extensión más cómoda y homogénea sobre el soporte. Existe en el mercado un médium retardador del secado que no añade viscosidad a la mezcla y que resulta muy útil para realizar acabados de imitación, como el marmolado.

Un médium de tipo textil incrementa la flexibilidad de la pintura acrílica una vez seca, mientras que un médium para vidrio o para embaldosar mejora la adherencia de la pintura sobre superficies no porosas. En ambos casos, se deberá fijar la pintura con calor para conseguir una mayor durabilidad. Los tintes específicos para tejidos y cerámica son caros, así que un médium fluido e incoloro como los anteriormente propuestos siempre será una buena inversión.

Al comprar un médium, no deje de leer las instrucciones de uso. Cerciórese de que sus características y el tipo de acabado que proporciona se ajustan a sus necesidades.

Técnicas básicas

Preparación de superficies

Pese al atractivo inequívoco que supone la manipulación directa de la pintura, siempre es conveniente preparar el soporte elegido. Si su objetivo es el tratamiento de muebles u objetos antiguos, elimine las capas de pintura deterioradas lijando la superficie. En determinados casos, es necesario dar una mano de pintura oscura para disimular un fondo blanco. Los imprimadores acrílicos como, por ejemplo, el *gesso* son entonces de gran utilidad.

Los tejidos nuevos suelen haber sido tratados con apresto o cola, por lo que deberán ser lavados antes de teñirlos o pintarlos. Utilice un jabón neutro y, si es posible, sumérjalos en agua y jabón, dejándolos reposar durante una hora. Enjuáguelos a continuación y extiéndalos hasta su secado completo. Si lo considera oportuno, asegure los extremos de la tela con unas puntadas para que no pueda deshilacharse. Finalmente, plánchela suavemente y a temperatura media.

En lo tocante a la madera sin tratar, esto es, virgen, rellene siempre los agujeros con masilla apropiada. Lije las zonas más ásperas y los cantos con papel de lija de grano medio. Para finalizar, extienda una capa de tapaporos o de barniz acrílico evitando la formación de rugosidades.

La terracota es un material muy poroso. Tanto el barniz tapaporos como los acrílicos previenen una absorción desmesurada de la pintura y le restan permeabilidad.

Limpie por completo el cristal y la porcelana. Lávelos con una solución de vinagre y agua caliente a partes iguales, así podrá eliminar las manchas de grasa con facilidad. Seque entonces el objeto.

El metal viejo debe tratarse con un disolvente para óxido. El empleo de una capa de antioxidante prolongará la vida de este material.

Dibujos y calcos

A fin de calcar dibujos, disponga un pedazo de papel vegetal o de calco sobre los modelos del libro y repáselos con un lápiz de mina blanda. Si los diseños son reversibles, dé la vuelta al papel, sitúelo sobre la zona deseada y delinéelo de nuevo. En caso contrario, haga correr el lápiz sobre el dibujo invertido y vuelva a dibujarlo al derecho, o bien coloque el papel de calco bajo el papel en el que usted incide.

Marque las telas con tiza de sastre, un rotulador soluble o un lápiz de grafito suave. Es conveniente fijar el calco y la tela sobre una ventana para así trazar más fácilmente las líneas.

Como alternativa, recorte el motivo y utilícelo como plantilla.

Si dispone de una fotocopiadora, la confección de diseños a escala es muy sencilla. De no ser así, para una ampliación al 200 % necesitará doblar el tamaño del original, al 300 % habrá de tripicarlo, y así sucesivamente.

Las ampliaciones a escala hechas a mano requieren el uso de una cuadrícula. Dibuje el motivo y cuadricule toda su superficie. Emplee unidades de fácil manejo (1 cm de lado, por ejemplo). Cuando necesite duplicar tamaños, use papel de calco y construya una trama de cuadrados de 2 cm de lado. Copie entonces el dibujo por fragmentos.

Mezclas de color

Generalmente, las marcas comerciales ofrecen una paleta interminable de colores, cosa muy de agradecer si precisamos cantidades ingentes de azul ultramar o de tierra de Siena tostada, por citar algún ejemplo. Cuando necesitemos una puntita de violeta o un ligero matiz anaranjado, resulta mucho más económico experimentar mezclando tonalidades.

La paleta básica integra los colores primarios (amarillo, rojo y azul), el blanco y el negro. Si busca una mayor versatilidad, añada tres tipos de azules: cerúleo, azul de Prusia, ultramar (o de cobalto); un amarillo limón frío y otro cálido de Nápoles; un rojo anaranjado y otro más frío o carmesí.

Empiece siempre con exiguas cantidades, pigmentándolas hasta dar con el tono adecuado. Agregue blanco para lograr colores pastel.

Al combinar diferentes tonos, tenga en cuenta su ubicación en el círculo cromático. El uso de los complementarios (aquellos diametralmente opuestos en el diagrama) intensifica el contraste; mientras que tonos adyacentes persiguen la armonía en el color. Los pares alternos, tales como el azul y el amarillo, pueden resultar estridentes. El uso del blanco enfatiza siempre a sus vecinos.

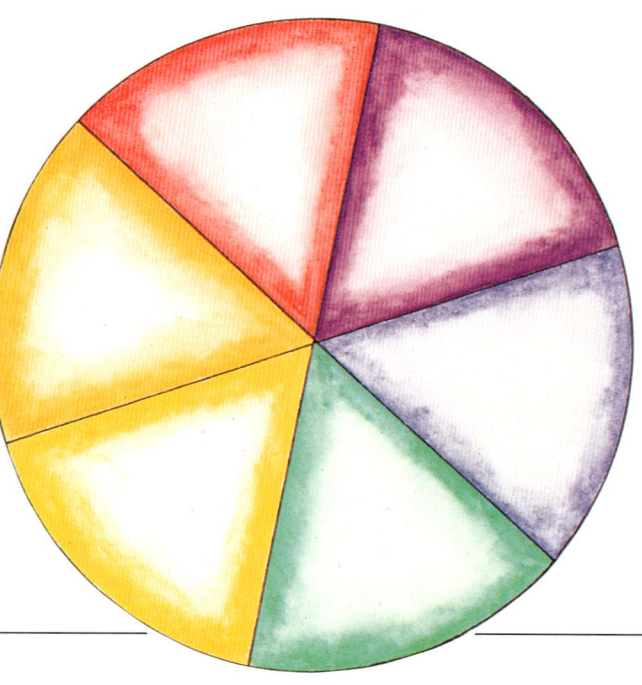

Trucos para pintar

El buen uso de la pintura requiere confianza y gran desenvoltura. Sea como fuere, siempre redunda en una actividad en extremo gratificante.

Necesitará un vaso de agua en el que diluir la pintura y limpiar los pinceles y brochas. Lo ideal sería trabajar en un espacio provisto de agua corriente, con objeto de agilizar los procesos de mezcla y limpieza del material.

No es imprescindible transferir al soporte todos los detalles del calco original; a menudo, unos pocos trazos-guía resultan más que suficientes. Realice pruebas en papel de estraza antes de decorar un objeto a mano alzada.

La consistencia de la pintura es de gran importancia: una pintura muy diluida chorreará en determinadas situaciones, y una demasiado espesa resultará contraproducente en los detalles. Con la ayuda de médium u otros aditivos (véase pág. 12) puede incrementar su transparencia así como modificar la viscosidad de la pintura.

Evite el rastro de la brocha aplicando la pintura con una esponja natural suave, y no tema utilizar la yema de sus dedos como herramienta de trabajo. Maquille sus errores con una almohadilla de algodón húmeda, o cúbralos de nuevo con pintura de base.

Detalles y acabados

Con sencillas operaciones de acabado podrá proteger sus proyectos e incluso potenciar su aspecto final.

Existen variadas formas de emular los efectos del paso del tiempo sobre un objeto. Encontrará información sobre estas técnicas en las páginas 144-145.

El empleo de una capa de barniz final protege y enriquece los acabados pictóricos. Existen barnices acrílicos y de poliuretano. Estos últimos proporcionan un acabado rico y sutil, aunque a menudo amarillean con el tiempo.

Antes de barnizar debe eliminar la grasa y el polvo. Aplique el barniz con una brocha plana de pelo suave extendiéndolo en una misma dirección. Si prefiere los acabados brillantes, dé sucesivas capas sobre la superficie ya lijada, limpia y seca en su totalidad. Asimismo, la cera para mobiliario proporciona brillo y protección extra a la madera previamente barnizada. Si emplea cera dorada, conseguirá una pátina muy elegante.

En referencia a la tela y la cerámica, no olvide fijar la pintura antes de lavar o utilizar un objeto. Los tintes para tela suelen fijarse con el calor de la plancha, mientras que la cerámica se cuece en el horno. En todo caso, le remitimos siempre a las instrucciones de los productos empleados.

Cómo hacer regalos y objetos con pintura

Papel

El papel es un soporte pictórico muy inestable: se suele alabear y deformar con la humedad; pero su accesibilidad y su bajo coste contribuyen a que resulte muy apropiado para niños y adultos principiantes. Además, una vez dominadas sus peculiaridades, será un fiel y sumiso aliado de su creatividad.

Antes de seleccionar el tipo de papel, deberá familiarizarse con sus características. Se trata de un pliego plano de fibras trenzadas y pasadas posteriormente por una prensa. El acabado puede ser suave y satinado, rugoso e incluso texturado. En principio, la superficie del papel es mate y relativamente absorbente. El papel para escritura se cubre con una cola que impide la absorción de la tinta.

Desaconsejamos el uso de papel satinado.

Cuanto mayor sea su gramaje, tanto mejor responderá al empleo de la pintura acrílica. Lo ideal sería disponer de papel para acuarela, aunque también recomendamos el de dibujo artístico o pastel. De manera análoga, el cartón admite una mayor cantidad de pintura e incluso texturas. Como regla general, utilice acuarela sobre papel convencional y témperas, *gouache* o pintura acrílica sobre cartón o papel *mâché*.

Las posibilidades del papel son infinitas. Inicialmente, tendremos a pensar en el papel como un soporte bidimensional que se enmarca o sirve para envolver. Con el papel *mâché* se consiguen efectos tridimensionales. Piense en el papel como algo que se puede plisar, cortar, enrollar o con lo que cubrir y forrar pantallas, libros o cajas.

Utilice un cutter *de hoja retráctil y una plancha de corte rígida para proteger la superficie donde habrá de doblar y cortar el papel.*

Papel

Papel mâché
Pegue trozos o tiras de papel de periódico envolviendo un objeto hasta conseguir sólidos de apariencias diversas y escaso peso. La cola funciona también como tapaporos, por lo que siempre es posible pintar encima.

Fotografías teñidas
Sumerja una fotografía en blanco y negro de acabado mate en decolorante diluido hasta que los tonos oscuros pierdan intensidad. Con acuarelas, pinte sucesivas capas hasta conseguir resultados satisfactorios.

Amplíe el horizonte de su creatividad en la técnica del découpage diseñando sus propios motivos y ornamentos.

Cómo hacer regalos y objetos con pintura

PROYECTO 1

Broches

El papel mâché es una de las técnicas más asequibles para la confección de objetos decorativos. Estos broches adornarán a la perfección una fiesta infantil.

MATERIALES
cartón
papel de periódico
lápiz
tijeras
cola blanca
pintura al agua
barniz al agua
material de pintura
imperdibles
fieltro

Papel

1 Con un lápiz, dibuje el perfil de las formas deseadas sobre cartón para empaquetar. Recórtelas con las tijeras o con una cuchilla afilada. Utilice cola blanca para empapelar o, en su defecto, confecciónela mezclando harina y agua hasta conseguir una consistencia adecuada.

2 Corte pequeñas y alargadas tiras de papel de periódico. Úntelas con la cola y limpie el exceso de ésta con sus dedos. Pegue los trozos de papel sobre los cartones en forma uniforme y superpuesta. Realice varias capas y permita que se sequen antes de pintar el objeto de color blanco.

3 Una vez seca la pintura, dibuje los adornos donde prefiera. Pinte con una sola tinta y espere a que esté seca. Progrese de esta manera y, con la ayuda de un pincel fino, añada los detalles dorados. Con todo seco, es ya momento de dar una capa de barniz.

4 Corte un pedazo de fieltro con la forma exacta de cada broche. Haga dos incisiones en el fieltro, abra con cuidado el imperdible y deslícelo a través de ellas. Péguelo ahora en el reverso del broche de manera que el imperdible sea practicable.

Cómo hacer regalos y objetos con pintura

PROYECTO 2

Abanico de papel

MATERIALES
papel para acuarela
acuarelas
esponja
regla calibrada
lápiz
cuchilla y plancha
 de corte
hilos para bordar
material de pintura

Este proyecto incluye una introducción al uso de la acuarela. Se trata de un abanico ornamental también adecuado para paliar los rigores del verano.

Papel

1 Corte un pliego de papel para acuarela hasta obtener una hoja de unos 27 x 110 cm. Si lo prefiere, hágalo en dos mitades y únalas después. Humedezca el papel con una esponja. Extienda un color en la parte superior del papel, menguando su intensidad a medida que se aproxima al centro. Haga lo propio en la zona inferior modificando la pigmentación.

2 Marque completamente la base de otra hoja cada 2,5 cm. Utilizando estas rayas como guía y siempre en sentido descendente, repase y presione con la cara roma de un cuchillo el papel teñido.

3 Doble minuciosamente cada tablilla hasta obtener un acordeón. Ayúdese con los dedos hasta que el plegado sea uniforme.

4 Si fuera necesario, pegue las dos mitades de manera que su unión quede disimulada. Perfore con un punzón la base del abanico. Pase el hilo de bordar a través del hoyuelo y anúdelo con firmeza.

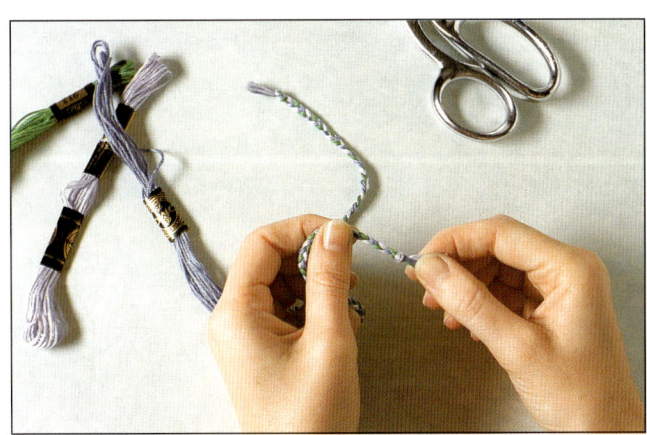

5 Corte hilos de unos 75 cm de longitud. Ate sus extremos y asegúrelos a un objeto cualquiera. Tréncelos a continuación pasando uno de ellos por encima del hilo central, pase ahora el opuesto y así sucesivamente. Anude el extremo y ate el cordón al hilo de la base del abanico.

Cómo hacer regalos y objetos con pintura

PROYECTO 3
Découpage de un cubo

El découpage hecho a mano añade personalidad a este cubo o papelera. Para mayor comodidad, fotocopie los motivos directamente de las páginas finales de este libro.

MATERIALES
cubo de metal
acceso a una
  fotocopiadora
cinta adhesiva
pintura de base
acuarelas
barniz tapaporos
tijeras
pegamento blanco
barniz final
material de pintura

Papel

1. ▶ *Prepare el cubo metálico como se indica en la página 13. Enmascare la base y el bisel y pinte la superficie en un tono crema. Aplique dos capas si lo cree necesario. Fotocopie los dibujos de la página 156 y calcule cuántos caben en el perímetro del cubo.*

2. ▶ *Píntelos con acuarelas procurando no anegar la superficie, ya que el papel de fotocopias no suele ser muy absorbente. Despreocúpese si pinta el exterior del motivo, pues deberá recortarlos. Una vez secos, fije los colores con pegamento blanco rebajado o cualquier fijador específico.*

3. ▶ *Recorte los diseños con la ayuda de unas tijeras curvas. Dispóngalos en derredor y no escatime pegamento blanco cuando los adhiera al cubo. Haga los ajustes necesarios si no le quedara espacio.*

4. ▶ *Sitúe entonces los motivos cuadrados en su lugar y péguelos sin miedo. Repase las esquinas que no estén perfectamente adheridas y proceda al barnizado completo del cubo, permitiendo el secado entre capa y capa. Y recuerde, a mayor número de capas, más impactante será el acabado.*

Cómo hacer regalos y objetos con pintura

Madera

Si tropezara con una veta que enriquece el aspecto global de la madera, no dude en evitar el uso de pintura opaca sobre ella. Aplique emulsiones pigmentadas en tonos tierra o, en su defecto, opte por emplear una solución de pintura blanca y tapaporos hasta conseguir un efecto blanquecino que permita adivinar las peculiaridades del material. Por otra parte, la pintura acrílica es muy efectiva para camuflar soportes antiestéticos como el aglomerado.

Rellene las posibles imperfecciones de la madera virgen y pula el soporte con lija fina. Al tratarse de un material poroso y, por ende, absorbente, siempre es conveniente dar una mano previa de tapaporos o de barniz al agua.

Las antigüedades hacen las delicias de todo buen artesano. Seleccione piezas estimulantes y elimine la pintura vieja con una espátula y un rascador. Proceda, acto seguido, al rellenado, lijado y sellado de la madera.

En realidad, no son tantas las herramientas necesarias para trabajar con madera. Puede muy bien cortar madera con una sierra de mano y una segueta. Emplee papel vegetal o de calco para transferir los dibujos al soporte. Asimismo, hágase con papel de lija de diferente gradación y dureza, esencial para la preparación y el terminado de proyectos sobre madera, en particular para el «desgaste» (véanse págs. 144-145).

Hoy por hoy, los juguetes de madera constituyen una rareza que nos brinda la oportunidad de efectuar multitud de decoraciones coloristas. Con algo de imaginación y escasos medios, podrá transformar su entorno cotidiano, modificando objetos tan sencillos como un mantel individual, un estante para tazas y vasos o un simple pisapapeles.

El cortado y la posterior manipulación de la madera requieren unos pocos utensilios básicos.

Resulta sencillo y de gran utilidad fabricar clavijas de madera.

Madera

Las formas de la izquierda se obtuvieron con la ayuda de una sierra caladora o de vaivén eléctrica. En establecimientos especializados, encontrará pinzas para ropa de estilo antiguo como las mostradas a la derecha.

Fichas de dominó decoradas
Corte fichas con una longitud el doble que su anchura. Líjelas y practique una incisión transversal en el centro. Dé una capa de base y dibuje imágenes variadas. Repase los contornos y el surco con pintura negra.

PROYECTO 4

Servilleteros

Combinando barritas de madera coloreadas se crean numerosos y atractivos proyectos: puede decorar desde un candelabro con su vela hasta dar relieve a un simple portarretratos.

MATERIALES
barritas de madera
cilindro de cartón
cuchilla y sierra
lápiz y regla calibrada
tintas de colores
material de pintura
pegamento
papel de lija
pinchos de brocheta
gomas elásticas

Madera

1 Divida el cilindro de cartón en secciones de 4 cm de longitud. Marque las divisiones con el lápiz y proceda limpiamente con la cuchilla.

2 Corte ahora con la sierra las barritas de madera a intervalos de 5 cm. Lije los extremos cuidadosamente. Cerciórese, antes de proseguir, de que dispone de suficientes barritas.

3 Coloree la mitad de ellas en un mismo tono y el resto en un color complementario o contrastado. Trabaje sobre papel de periódico y coloque las barras todavía húmedas sobre los pinchos de brocheta.

4 Extienda el pegamento sobre el exterior del cilindro de cartón y coloque las barritas alternando los colores. Fije suavemente las barritas con la goma elástica y deje el aro reposar hasta que se haya secado la cola. Si así lo desea, rodee el aro con hilo dorado.

27

Cómo hacer regalos y objetos con pintura

PROYECTO 5
Perchero de cocina

Si precisa un lugar en la cocina donde colgar sus enseres, este perchero representa la solución más inmediata. Puede transformarlo en un sombrerero distanciando los ganchos y empleando un listón más largo.

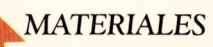

MATERIALES
*listón de madera
sierra y barrena
  o taladro
lápiz y regla
papel de lija
esponja
cinta adhesiva
material de pintura
pintura al agua
barniz al agua
ganchos y tornillos*

Madera

1 *Sobre un listón de madera de unos 9 cm de anchura por 2 cm de grosor, corte un segmento de 50 cm. Lije los cantos. Aplique una capa opaca de color blanco de base. Extienda a continuación una emulsión pigmentada a su gusto y, cuando todavía esté húmeda, incida sobre ella con la esponja. Déjelo secar.*

2 *Con la cinta adhesiva, enmascare el perímetro de manera que sendas franjas de unos 6 mm queden al descubierto. En ambos extremos deberá también enmascarar el listón hasta conseguir otra franja más pequeña del mismo grosor. Píntelas en un tono contrastado.*

3 *Una vez seca la pintura, levante la cinta adhesiva de los extremos y pinte las líneas longitudinales. Antes de eliminar por completo la cinta, asegúrese de que todo está bien seco. Barnícelo con una brocha de pelo suave.*

4 *Sitúe los ganchos a lo largo del listón marcando con un lápiz afilado la posición de cada tornillo. Perfore la madera con el taladro y atornille entonces todos los ganchos.*

Cómo hacer regalos y objetos con pintura

PROYECTO 6

Sujetalibros

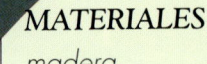

MATERIALES
madera
segueta y sierra de mano
papel de lija
lápiz y regla calibrada
compás
cola blanca
taladro
clavos y tornillos
pintura acrílica
barniz brillante
material de pintura

Además de imponer un cierto orden en el caos, el variado espectro cromático del arco iris aporta un festival de color indispensable en cualquier habitación infantil.

Madera

1 ▲ *Sobre un listón de 9 cm de anchura por 2 cm de grosor, corte dos piezas de 20 cm de longitud y otras dos de 14,5 cm. Lije los cantos y redondee las esquinas de uno de los extremos de cada pieza.*

2 ▲ *Taladre un agujero en el centro de cada pieza pequeña. Extienda la cola blanca en la base de cada una de ellas y sitúelas sobre las piezas largas de modo que formen una «L». Refuerce la unión con tres clavos, martilleados desde la parte posterior de las más largas.*

3 ▶ *Necesitará a continuación aglomerado de 12 mm de grosor. A partir de uno de los vértices, haga dos marcas a 5 cm de distancia y divida este segmento en intervalos de 12 mm. Clave el compás con 5 cm de radio y dibuje el sector circular ilustrado. Ajústelo entonces según las sucesivas marcas y trace los arcos concéntricos. Repita el diseño de este arco iris en otra esquina.*

4 ▶ *Una vez alcanzado este punto, tan sólo es cuestión de cortar los arcos con la sierra, lijar sus cantos y proceder a la decoración en colores.*

5 ◀ *Encole cada arco en su lugar correspondiente y atorníllelos a través de la base. Si lo desea, puede barnizarlos en acabado brillante.*

31

Telas

La tela constituye un soporte magnífico sobre el cual pintar. Las fibras textiles comparten algunas de las propiedades de otros materiales fibrosos, siendo más resistentes que el papel y más flexibles que la madera.

Seleccione tejidos confeccionados a partir de fibras naturales, como el algodón, el lino o la seda, siempre más absorbentes que las telas sintéticas. Escoja el material cuyo comportamiento sea más acorde con las características de su proyecto.

Con frecuencia, los tejidos nuevos son tratados con apresto u otro tipo de cola protectora, cosa que inevitablemente mengua su capacidad para absorber la pintura. Lave el tejido con agua y jabón, enjuáguelo y deje que se seque. Planche tanto las telas nuevas como las antiguas hasta lograr una superficie perfectamente lisa.

A fin de calcar los motivos, pegue la tela en una ventana y sobre el diseño elegido; repáselo entonces con un lápiz, tiza de sastre o un rotulador soluble. Si lo prefiere, puede construir una plantilla a partir del dibujo.

Existe en el mercado una extensa gama de tintes para ropa, incluyendo aquellos de acabado metálico o iridiscente y otros muy curiosos que adquieren volumen con el calor. Se venden, básicamente, en tubo o en frascos con aplicador y suelen resultar algo caros. A menudo es aconsejable adquirir una ingente cantidad de médium textil, flexible y permanente, con objeto de mezclarlo con pintura acrílica.

Los tintes para tela se fijan en su mayoría mediante la acción del calor; hecho así, no destiñen y pueden lavarse sin problemas. Normalmente, este proceso se efectúa planchando la prenda del revés o interponiendo un papel entre la plancha y la pintura seca. Lea las instrucciones del fabricante para ajustar el tiempo y la temperatura.

Pronto comprobará las enormes posibilidades de esta técnica, pudiendo trabajar sobre cortinas, manteles, colchas... así como diseñar su propia ropa.

Los tubos de pintura específica para ropa son idóneos para el tratamiento y la decoración de prendas de todo tipo.

Tapas para jarras
Este tipo de detalle decorativo resulta muy bonito para la confección de obsequios. Si lo que se pretende es la inmediata identificación del contenido o su almacenamiento en cantidad, no dude en estarcir un icono apropiado. Véase «Estarcido» en las páginas 120-121.

Pintura sobre seda
Existen en el mercado pinturas para seda de muchos tonos e intensidades. Debido a la facilidad con que fluyen los tintes en el entramado de la seda, es aconsejable delimitar la zona de tratamiento con gutapercha, goma de origen natural, transparente y de fácil limpieza. La gutapercha metálica tiene también, como se ilustra, aplicaciones decorativas.

PROYECTO 7

Escarabajos

Los alegres escarabajos de la figura harán las delicias de todo malabarista o, si lo prefiere, servirán de alegre adorno en su hogar. Dibuje las espirales con un tubo de pintura con aplicador fino.

MATERIALES

tela de algodón rojo
papel de calco
lápiz
pintura para tejidos
tijeras
enseres de costura
judías o semillas
cordón negro
pegamento

Telas

1 *Dibuje las líneas principales del motivo sobre la tela roja. Trace una circunferencia a mano alzada alrededor, procurando dejar un espacio para hilvanar de unos 5 mm. Delinee las alas, los ojos y las motas con un tubo de pintura negra para tela.*

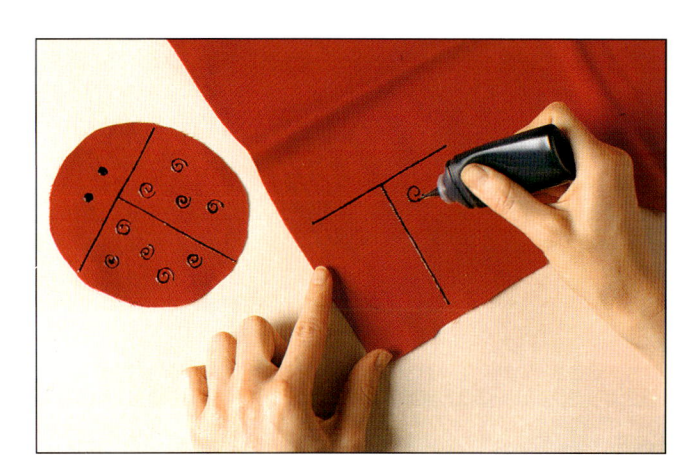

2 *Con la pintura seca, recorte el diseño y otra pieza de tela de igual superficie. Coloque una sobre la otra. Corte un trozo de cordón negro y anude uno de sus extremos, untando ambos con pegamento para prevenir el deshilachado. Confeccione después la segunda antena y sitúelas entre las dos piezas de tela.*

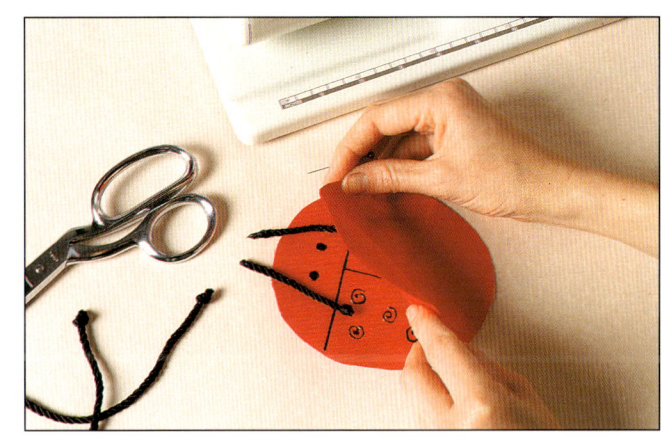

3 *Cosa el perímetro de ambas piezas dejando una abertura en uno de los extremos para darle la vuelta. Si realiza la costura en zigzag, el escarabajo tendrá una mejor vejez. Vuélvalo todo del revés y rellénelo con semillas, judías o cualquier tipo de pequeñas partículas. Cosa a mano el orificio.*

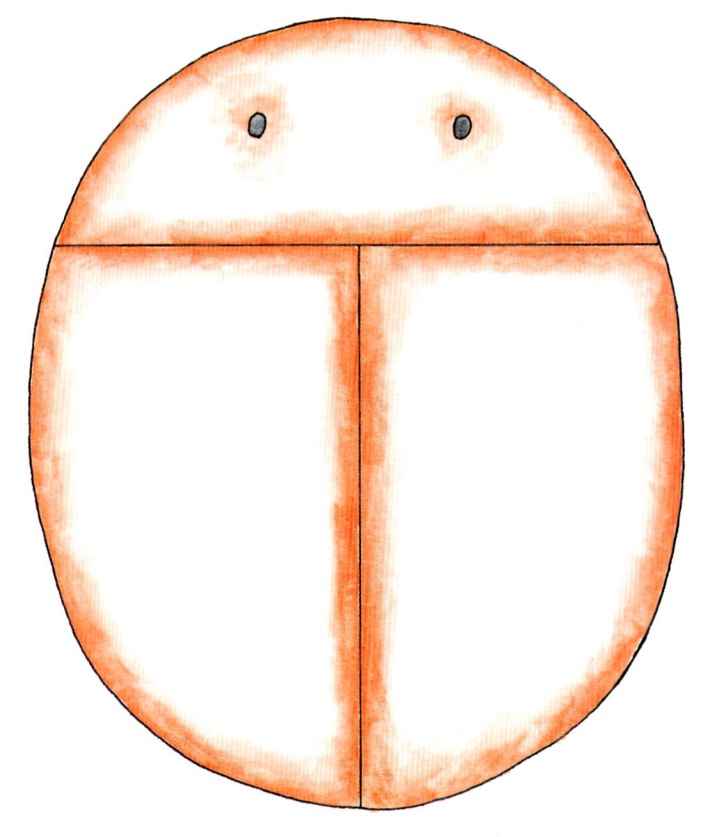

PROYECTO 8

Esterilla

MATERIALES
lienzo de pintor
regla calibrada
lápiz
pintura acrílica
médium textil
barniz
material de pintura
cinta adhesiva
para tela

Se trata de un elemento que alcanzó gran popularidad allá por el siglo XVIII. La esterilla de la ilustración tiene reminiscencias arábigas pero su diseño se puede adaptar a cualquier necesidad.

Telas

1 *Corte una pieza de lienzo de 105 x 75 cm. Confeccione un dobladillo perimetral de 2,5 cm. Dibuje un margen de 5 cm. Divida entonces el rectángulo interior obtenido en seis cuadrados de 30 cm de lado y calque el patrón de la ilustración inferior en cada uno de ellos.*

2 *Mezcle la pintura acrílica y el médium textil de acuerdo con las instrucciones del fabricante. Pinte siempre los tonos de base con una brocha plana.*

3 *Trace el contorno de cada figura geométrica con la ayuda de un pincel fino y en un tono canela oscuro. Una vez seca la pintura, aplique varias capas de barniz. Por último, dé la vuelta a la esterilla y asegure el dobladillo con la cinta adhesiva.*

Cómo hacer regalos y objetos con pintura

PROYECTO 9

Pañuelo de seda

El proceso más delicado en la confección de este pañuelo es, sin lugar a dudas, la transferencia del diseño. Hecho esto, sólo resta colorearlo.

MATERIALES
seda blanca y fina
delineador
soporte de cartón
alfileres o chinchetas
lápiz
regla calibrada
pinturas para seda
material de pintura

Telas

1. ▲ *Cosa un dobladillo perimetral y cuadrado. Trace un margen alrededor. Amplíe el diseño de la figura de manera que ocupe una cuarta parte del cuadrado interior y cálquelo sobre el pañuelo en cuatro operaciones (véase pág. 14).*

2. ▲ *Confeccione una base cuadrada de cartón y de menor formato que el pañuelo. Clave éste firme y tenso sobre el cartón. Delinee las formas con pintura dorada y la ayuda de un frasco con aplicador largo y fino. Cerciórese de que todos los puntos de intersección hayan sido marcados, a fin de que la pintura no alcance zonas no deseadas. Deje que se seque.*

3. ▶ *Haga pruebas de color sobre un retal de seda: diluya la pintura en agua para obtener efectos más apagados. Cargue el pincel de pintura y aplíquelo sobre la seda con suavidad. Trabaje primero en aquellas zonas que deban ser tratadas con un mismo tono, enjuague el pincel y proceda entonces con una tinta diferente. Con la decoración ya seca, planche el pañuelo de seda cubriendo sus dos caras con papel; el calor de la plancha fijará los colores.*

Porcelana

Antiguamente, la decoración de objetos de porcelana quedaba restringida a aquellas personas que disponían de un horno de cocción. En la actualidad, se comercializan pinturas específicas para porcelana que pueden fijarse en los hornos domésticos o, incluso, que no requieren un tratamiento final con calor. En el presente capítulo trataremos la utilización de estas pinturas sobre porcelana blanca.

Generalmente, la porcelana disponible en el mercado está destinada a su uso doméstico como parte de la vajilla. Las pinturas para porcelana no suelen resistir el contacto con determinadas sustancias y alimentos, así pues, evite decorar las zonas más expuestas. Si la finalidad del objeto fuera exclusivamente ornamental, despreocúpese y decórelo a su antojo.

Las pinturas para porcelana de base acuosa están disponibles en una amplia paleta de colores y pueden fijarse en hornos de cocina; las pinturas basadas en otros aglutinantes se denominan pinturas cerámicas «frías», debido a que no necesitan ser tratadas con calor. Estas últimas son menos duraderas y resultan ideales para la decoración de objetos sin función alguna. También puede realizar una mezcla adecuada para porcelana satinada a partir de un médium específico para el caso y pintura acrílica. Este truco siempre resultará más asequible a largo plazo y, además, puede fijarse con calor.

Por lo general, las marcas de la brocha son muy evidentes sobre soportes de porcelana. Puede aprovechar esta propiedad o disimularla usando una esponja. La pintura para cerámica no deberá ser rebajada con demasiada agua. Si necesitara hacer reservas de color, recurra a la cinta adhesiva para enmascarar u otro material limpio y adherente. Siga meticulosamente las instrucciones de uso de la pintura y el tiempo de exposición al calor. Si se excede en el tiempo, los colores quedarán más apagados. Las pinturas cerámicas «frías» deben protegerse con barnices.

Se pueden conseguir lápices blandos para porcelana con los que transferir diseños. Los bastoncitos de algodón le ayudarán a enmendar errores.

Porcelana

Base para una tetera
Calque el motivo sobre una baldosa de cerámica blanca. Pinte primero los colores de base y dibuje los contornos con pintura negra y un pincel fino. Le sugerimos una decoración con aires mediterráneos.

Diseños en relieve
Los platos y tazones con bajorrelieves de ambientación frutal o floral pueden retocarse con objeto de acentuar la sensación de volumen.

41

Cómo hacer regalos y objetos con pintura

PROYECTO 10

Tres en raya

Este divertido juego se lleva a cabo entre dos personas que mueven sus fichas sobre un tablero, por riguroso turno y con el único objetivo de colocarlas en línea.

MATERIALES
baldosa de cerámica grande
baldosines de cerámica
plástico adhesivo
pinturas para cerámica
lápiz
compás
material de pintura
fieltro
cola blanca

Porcelana

1. Trace un margen alrededor del perímetro de la baldosa grande. Divida el cuadrado interior en nueve semejantes y más pequeños. Corte pedazos de plástico adhesivo y enmascare todos y cada uno de ellos.

Nota: las baldosas blancas suelen ser baratas y fáciles de encontrar en diversas calidades y tamaños. De manera alternativa, siempre se puede dar una capa de pintura blanca de base sobre un fondo previamente pigmentado.

2. Con una esponja, aplique la pintura azul de cobalto sobre las zonas no reservadas.

3. Utilice cinco baldosines, el lápiz y el compás para dibujar las circunferencias correspondientes (también puede dibujarlas delineando el contorno de un objeto redondo). Marque con una aspa otros cuatro baldosines blancos. Hágalo siempre con un pincel fino.

4. Recorte porciones de fieltro del tamaño de las fichas y el tablero. Péguelas por detrás con suficiente cola blanca.

Cómo hacer regalos y objetos con pintura

PROYECTO 11
Cuenco para flores secas

Es ideal para iniciarse en el diseño a mano alzada sobre porcelana. Si comete errores, bórrelos y comience de nuevo.

MATERIALES
cuenco de porcelana o cerámica blanca
compás
cinta adhesiva
rotulador
pinturas para cerámica
material de pintura

Porcelana

1 *Pegue dos pedazos de cinta adhesiva en el centro del recipiente. Calcule y marque el centro exacto del círculo con una X. Utilice el compás para trazar dos aros concéntricos y periféricos: la distancia entre ambos dependerá del soporte y deberá ajustarse a las características de la cenefa.*

2 *Pinte ambas circunferencias con un pincel moderadamente fino. Dibuje primero el exterior, déjelo secar y proceda a continuación con el pequeño.*

3 *Marque la corona circular a intervalos regulares. Si el primer punto no acabara de ajustarse con el último, retoque sutilmente la ubicación de los más próximos. Pinte ahora todos los puntos.*

4 *Pinte parejas de hojas entre punto y punto. Con la pintura ya seca, métalo en el horno de acuerdo con las instrucciones del fabricante.*

PROYECTO 12

Tetera

MATERIALES
tetera de porcelana
 o cerámica blanca
rotulador
puntos autoadhesivos
pinturas para cerámica
material de pintura

La siguiente propuesta es el diseño de una tetera de cariz alegre y vistoso, con aires de modernidad. Podrá, si lo desea, decorar de igual forma el juego de té completo.

Arcilla

Plafón de pared
Los bajorrelieves de terracota decorados con colores brillantes siempre resultan llamativos. Se pintó el fondo con esponja y los detalles del pez se enfatizaron con una pigmentación oscura.

Abalorios
Haga rodar un pedazo de barro y córtelo en porciones iguales. Modele una esfera con cada una de ellas. Perfórelas con un punzón y permita que se sequen. Píntelas con colores acrílicos y barnice los resultados. Únalas, por último, con un hilo doble y resistente.

Obsequios de cerámica
Consiga pequeños recipientes de cerámica o terracota y rellénelos con flores secas o sales de baño aromáticas. En caso de regalar sales, no olvide sellar el interior de la vasija.

PROYECTO 13

Botones

El modelado del barro es una tarea sencilla que puede resultar muy útil para crear objetos de uso cotidiano. Los botones aquí expuestos, no obstante, son decorativos pero no resistentes al agua.

MATERIALES
barro convencional
rodillo
moneda
cuchilla afilada
anillo
punzón
pintura acrílica
barniz al agua
material de pintura

Arcilla

1 *Amase y extienda un pedazo de barro hasta obtener una superficie plana y delgada. Interponga una película de plástico entre el barro y el rodillo a fin de que no se adhieran. Ponga la moneda sobre el barro y corte tantos botones como necesite.*

2 *Pula los bordes con las yemas de los dedos ligeramente húmedas. Presione el aro o anillo hasta diseñar un bisel circular centrado.*

3 *Perfore cada uno de ellos dos o cuatro veces (a su gusto) con la ayuda del punzón. Deje entonces que se sequen.*

4 *Pinte los botones con pintura blanca y opaca de base y, con un pincel fino, trace franjas de color radiales partiendo desde el bisel. Rellene a continuación el círculo central con un tono de su agrado. Con la pintura seca, barnice completamente las piezas.*

PROYECTO 14
Tiestos de terracota

Unas pocas pinceladas y un tratamiento de imitación del encalado contribuyen al acabado de inspiración clásica de estas macetas.

MATERIALES
lavado de cal
pintura acrílica blanca
lápiz y papel de calco
tiestos
cinta adhesiva
material de pintura

Arcilla

1 ▶ Prepare la superficie del tiesto pasando una esponja húmeda. Dé a continuación un lavado calizo (una mezcla pigmentada a base de cal o sustancias afines). Espere a que se seque.

2 ▶ Dibuje la cenefa con el lápiz y en papel de calco. Vuelva a repasar el diseño, ahora sobre el reverso del papel.

3 ▶ Transfiera el dibujo al borde de la maceta sujetando el papel en su lugar con la cinta adhesiva. Asegúrese de que la cenefa queda como debe, esto es, sin discontinuidades.

4 ▶ Proceda con un pincel fino y pinte la cenefa en un tono blanco roto. Nótese que los materiales empleados no proporcionan protección alguna frente a los elementos, razón por la que se aconseja el barnizado. Si desea plantar flores, aplique una capa de tapaporos en el interior del tiesto.

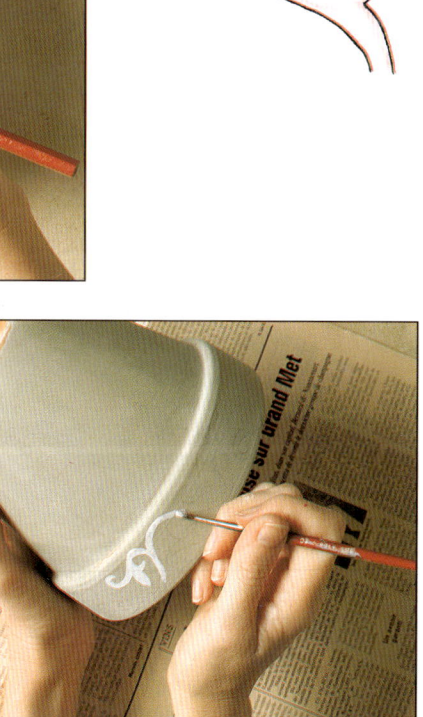

PROYECTO 15
Casas flamencas

He aquí una propuesta de innegable atractivo: la construcción de casitas semejantes a aquellas que decoran los bellos canales de la ciudad de Amsterdam.

MATERIALES

barro convencional
alambre
lápiz
pintura acrílica
barniz al agua
material de pintura

Arcilla

1 Confeccione bloques de barro a resultas de golpearlo repetidamente contra una superficie plana. Las dimensiones que se aconsejan son 4 cm de anchura por 7,5 cm de longitud. Cercene los tejados a dos aguas con un alambre tenso.

2 Corte el bloque en porciones de una profundidad no superior a los 2,5 cm. Procure que las casitas se tengan en pie sin dificultad y lime los cantos con las yemas de los dedos húmedas. El secado total de las piezas ha de realizarse sobre papel de periódico y podría prolongarse varios días.

3 Pinte bases de color distintas en cada caso y, sobre la primera capa ya seca, aplique una segunda. Esboce primero sobre papel la disposición de puertas, ventanas y otros detalles.

4 Pinte con un pincel muy fino todos los aditamentos en color acrílico blanco. No olvide decorar los lados y la cara posterior. Para finalizar, barnice el conjunto.

Cómo hacer regalos y objetos con pintura

Vidrio

El vidrio es un material cuyas posibilidades suelen ser a menudo ignoradas. Las jarras y vasos antiguos son fácilmente reconvertibles en vasijas decorativas, y los cuarterones de cristal pueden muy bien transformarse en hermosas vidrieras. Si dispone de un horno, no dude en emplear pinturas esmaltadas y obtendrá magníficos y resistentes acabados que podrá lavar sin riesgo alguno. De no ser así, le recomendamos restringir su creatividad al ámbito de las piezas ornamentales.

Si tuviera que pintar sobre acetato, o si fueran niños los protagonistas de estas manualidades, utilice una mezcla de témperas y cola blanca, sustancialmente más económica y fácil de lavar. Para pintores adultos, se recomiendan las mismas opciones que en el caso de la porcelana. Existe también la posibilidad de añadir un médium ya comercializado y que potencia la adherencia de las pinturas acrílicas sobre vidrio. Asimismo, los objetos tratados de esta forma pueden sin temor fijarse en el horno. Tanto las pinturas cerámicas al agua como aquellas «frías» basadas en otro tipo de solventes están disponibles en una extensa paleta de tonalidades.

Las pinturas de base no acuosa poseen una consistencia fluida y satinada, y suelen venderse con un sencillo aplicador.

Siga las directrices del fabricante al introducir sus piezas en el horno. Introdúzcalas siempre con el horno frío y no las extraiga hasta que se encuentre asimismo a temperatura ambiente.

La mezcla del aguafuerte funciona bien sobre cristal, dando lugar a una pérdida de su acabado satinado característico.

Vidrio

La pintura cerámica
«fría» en tono dorado
se aplica directamente
con el tubo y ofrece
resultados óptimos.

Arte en cristal
Derrame unas gotas de
pintura en el interior
de una botella o vasija
y proceda a rotarla con
suavidad hasta
que se sequen.

Debido al carácter frágil
de la pintura no cocida al
horno, evite exponerla
al agua o a los alimentos,
a no ser que desee una
decoración efímera.

PROYECTO 16

Frasco de esencias

Realice sus propias esencias y aromas florales hirviendo pétalos al baño María. Conviértalo en un regalo, decorando el frasco con motivos delicados y anudando una etiqueta.

MATERIALES
botellas de cristal
pintura cerámica «fría»
tubo delineador dorado
esencia de trementina
pincel
pétalos de flores
cazo
colador
acetato
hilo dorado

Vidrio

1 Seleccione botellas de diseño atractivo (las de aceite de oliva, por ejemplo) y lávelas en una solución de vinagre y agua caliente. Trace los corazones con el tubo de pintura dorada. Asegúrese de que las volutas se toquen, ya que se deberá rellenar el interior con pintura.

2 Una vez secos, pinte los corazones con el color de su elección. La pintura cerámica «fría» se extenderá por sí sola hasta colmar el espacio.

3 Para preparar agua perfumada, vierta en un cazo 8 cucharadas de pétalos aromáticos mezcladas con 3 tazas de agua. Cubra la mezcla y cuézala a fuego lento durante 30 minutos. Aparte el cazo del fuego y cuele la mezcla fría encima de una tabla de madera o de un trapo.

4 Llene las botellas con el agua perfumada. Confeccione varias etiquetas pintando ahora sobre trozos de acetato. Cuando se haya secado la pintura, corte el acetato alrededor de la figura, haga un orificio en el extremo superior y cuelgue cada etiqueta del cuello de su correspondiente botella.

PROYECTO 17

Aguafuerte

La solución para el aguafuerte posibilita acabados sobre vidrio de notable elegancia. Para esta ocasión, se ha escogido un signo de origen chino que alude a la primavera.

MATERIALES
vaso de cristal
plástico adhesivo
papel de calco
compás
lápiz
cuchilla y plancha de corte
brocha plana
solución para aguafuerte

Vidrio

1 Corte un pedazo de plástico adhesivo que cubra gran parte de la superficie del vaso. Dibuje con el compás y en el centro una circunferencia de 5 cm de radio. Vacíe el círculo con una cuchilla y pegue la pieza que queda en el vaso.

2 Calque el motivo sobre el círculo según las técnicas expuestas en la página 14. Vacíe ahora el signo tal como se indica. Péguela centrada sobre el cristal del vaso.

3 Presione sobre las reservas con el dedo pulgar. Es hora de aplicar el preparado para el aguafuerte según las instrucciones del fabricante. Hágalo en abundancia y con gestos suaves, utilizando una brocha de cerdas blandas o de esponja.

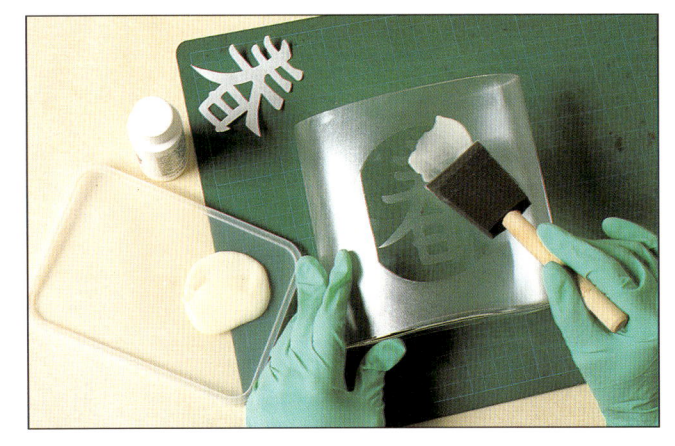

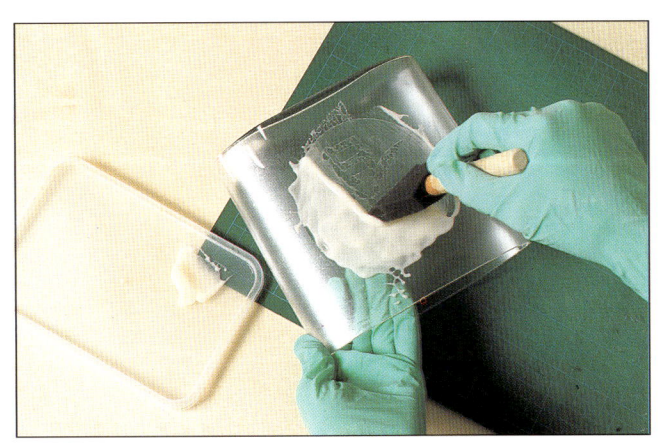

4 Permita que el ácido actúe durante un lapso de tiempo prudencial antes de enjuagar el vaso con agua. Elimine, para acabar, todas las reservas de plástico.

Cómo hacer regalos y objetos con pintura

PROYECTO 18
Cristal emplomado

Usando un perfilador de pintura cerámica negra, se logra un efecto muy semejante al del emplomado tradicional.

MATERIALES

hoja de cristal rectangular
papel de calco
lápiz
pintura cerámica «fría»
perfilador negro
lámina de cobre
soldadura
fundente
soldador
cable

Vidrio

1 ▶ Calque el dibujo del pez de la página 157. Con una cuchilla para cristal, corte un rectángulo del tamaño y forma del mismo. Coloque el cristal encima del papel y repase el diseño con un tubo de pintura de color pardo o plúmbeo.

2 ◀ Una vez que la pintura se haya adherido, rellene los intersticios con pintura cerámica «fría». La pintura, al ser relativamente líquida, se expandirá por sí misma, sin necesidad de la acción de la brocha.

3 ▶ Envuelva los cantos de la hoja de cristal con porciones de lámina de cobre. Tanto el cobre, el fundente como el material para soldadura pueden adquirirse en tiendas especializadas. Construya dos cáncamos o alcayatas con alambre trenzado.

4 ◀ Extienda el fundente sobre la lámina de cobre. Sitúe las alcayatas en las esquinas superiores y cúbralas con fundente. Caliente el soldador y funda la soldadura sobre la lámina de cobre de modo que las alcayatas se adhieran con firmeza. Gire el panel y repita el proceso en la cara opuesta. Por último, anude un hilo metálico o una cinta para colgar la pieza.

Al trapo y con esponja

Las grandes superficies decoradas en una sola tinta plana no dejan de ser algo monótonas a no ser que se traten con esponja o trapo. Según la técnica elegida y su modo de aplicación, los efectos obtenidos diferirán considerablemente: el presente capítulo expone algunas de las aplicaciones más enriquecedoras del trapo y la esponja.

Son técnicas para la eliminación de veladuras, así que los colores de fondo se vislumbrarán en mayor o menor medida. Habitualmente, se emplean veladuras en tonos más oscuros y de similar pigmentación que el de la base opaca.

En la pintura al trapo, se extiende una emulsión pigmentada sobre la superficie de manera suave y homogénea; cuando todavía está húmeda, se incide sobre toda ella con el trapo. Puede sustituir el trapo por papel, plástico de cocina u otro material con textura, pero cerciórese de que está bien limpio.

Trabaje la manera de contactar la superficie con suavidad: rodando, frotando o incluso propinando ligeros golpes. En todos los casos, el efecto será vistoso y bien definido.

En el moteado, la emulsión pigmentada y húmeda se frota delicadamente con una esponja sintética. Las dos técnicas anteriores deben ser realizadas rápida y sistemáticamente, en zonas de dimensiones reducidas.

La pintura con esponja es de aplicación eminentemente directa, por lo que el tiempo de secado no es un factor importante. El rastro de la esponja de mar es más abierto que el de las de uso doméstico. Humedezca la esponja antes de cargarla de pintura. Efectúe pruebas sobre papel previas a la pintura definitiva: si el resultado fuera correoso, elimine el exceso de pintura y proceda desordenadamente sobre el soporte. Una vez seca, puede aplicar otra capa de tono distinto a la anterior.

Recolecte esponjas y materiales de texturas diversas para sus proyectos pictóricos.

Al trapo y con esponja

Acabados al trapo y con esponja

Derecha: pintura al trapo utilizando papel arrugado.

Abajo a la derecha: moteado con una esponja de grano fino.

Bajo estas líneas: pintura con esponja de uso doméstico.

La aplicación de pintura con esponja permite un control total de la intensidad de color, desde matices completamente saturados hasta las sugerencias más pálidas.

Cómo hacer regalos y objetos con pintura

PROYECTO 19

Naipes

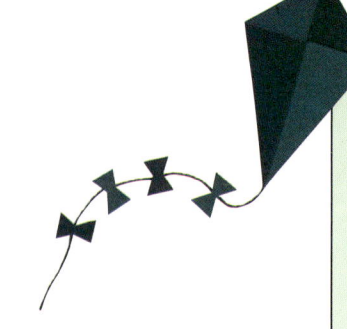

MATERIALES
cartón rígido
lápiz
regla calibrada
cuchilla y plancha de corte
pintura acrílica
esponja

Construya una serie de plantillas para realizar un juego de naipes basado en la identificación de los colores y las formas. Emplee los colores primarios y evite las pinturas tóxicas.

Al trapo y con esponja

1. Cargue la esponja con pintura que no sea tóxica y pinte una de las caras del cartón (preferiblemente, cartón pluma). Balancee la esponja para que el resultado sea irregular.

2. Corte cuadrados de unos 6,5 cm de lado tal y como se muestra en la fotografía. Este juego de naipes requiere 32 piezas.

3. Recorte ahora cuatro cuadrados de cartón más fino y de idénticas dimensiones. Dibuje en cada uno de ellos una figura geométrica distinta: círculos, cuadrados, triángulos y cruces. Vacíe las piezas y obtendrá varias plantillas.

4. Estarza con la esponja y sobre los naipes cada una de las cuatro figuras. Pinte dos juegos de cada combinación, esto es, círculos verdes, cruces verdes, círculos rojos, y así sucesivamente hasta disponer de parejas iguales.

PROYECTO 20

Latas y frascos

El tratamiento de latas y frascos metálicos oxidados con pintura a la esponja recrea los aires de la Provenza francesa.

MATERIALES
latas y frascos herméticos
antioxidante
imprimador para óxido
pintura al agua
barniz acrílico
esponja
material de pintura

Al trapo y con esponja

1 Aplique una mano de antioxidante en las zonas más deterioradas, en frascos y tapaderas, siempre según las directrices del fabricante. Acto seguido, trate todas las superficies con el imprimador.

2 Dé tantas capas de pintura de base blanca como sean necesarias. Si el sistema de cierre fuera hermético, absténgase de pintar el borde para no entorpecer estas funciones.

3 Cargue una esponja ligeramente húmeda con azul de cobalto y elimine el exceso de pintura en papel de periódico o estraza. Proceda entonces al pintado de las latas y tapaderas.

4 Con un pincel fino, realce los biselados del borde superior y de la base. Cuando la pintura azul esté completamente seca, proteja el conjunto con una o varias manos de barniz acrílico.

PROYECTO 21

Tazones

El tratamiento con trapo en esta taza produce un efecto ciertamente vistoso. Cuando decore este tipo de enseres de cocina, debe dejar el borde sin pintar.

MATERIALES
tazones blancos
pintura cerámica
cinta adhesiva
trapo sin impurezas
material de pintura

Al trapo y con esponja

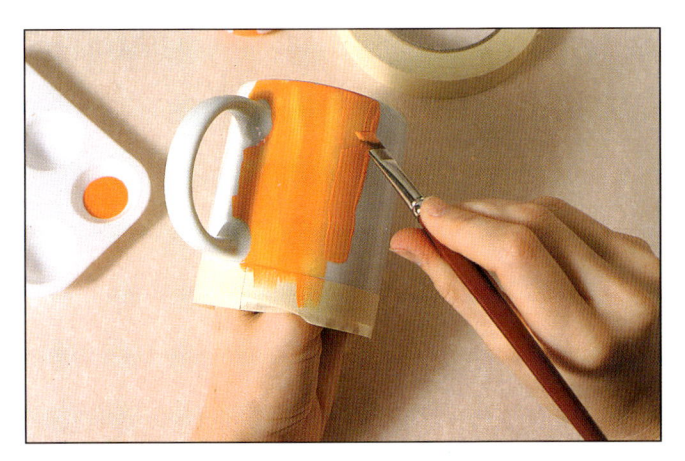

1 Tape los bordes superiores de los tazones con la cinta adhesiva. Aplique una capa de base en un tono amarillo encendido o anaranjado, extendiendo la pintura suavemente con una brocha plana y con gestos largos y controlados.

2 De igual manera, pinte una segunda capa escarlata sobre la anterior. Trabaje con rapidez y soltura, sin empezar otra taza antes de haber finalizado la que nos ocupa.

3 Con la pintura escarlata todavía húmeda, presione contra el soporte un trapo limpio (o un envoltorio de plástico si lo prefiere). Rote el trapo para que el acabado resulte tímidamente irregular.

4 Empleando un pincel fino, trace líneas de color óxido rojo por debajo del borde y en el asa. Acabado el proceso y seca la pintura, es momento de introducir la taza en el horno y fijar los colores de acuerdo con las instrucciones del fabricante.

Cómo hacer regalos y objetos con pintura

Rayado y raspadura

Eliminando parcialmente la pintura de un soporte se logran interesantes y sorprendentes acabados. Cualquier objeto doméstico puede ajustarse a los proyectos que siguen. Todo y que un peine viejo y de dentadura ancha le será muy útil, le sugerimos que se fabrique peines adecuados a partir de cartón rígido. Cualquier objeto puntiagudo, no obstante, realizará las labores de rayado y raspadura casi a la perfección.

Conviene que el soporte que se ha de decorar no sea muy poroso ya que, de lo contrario, absorberá tanta pintura que su eliminación resultará imposible. Siempre puede ahorrarse problemas dando una capa de pintura blanca y opaca o de tapaporos.

El raspado, peinado y rayado de un motivo ornamental deben efectuarse con soltura y mientras la pintura se halla todavía fresca. A tal efecto, es muy útil emplear emulsiones o geles acrílicos mezclados con pintura, componentes que retardan los tiempos de secado. Procure no diluir demasiado las mezclas o se anegarán las zonas previamente tratadas. Extienda la pintura en cantidad abundante y con una brocha ancha y plana.

Un peine de dientes anchos y gruesos crea efectos primitivos, muy distintos a los detallados en el Proyecto 24. Una mayor sofisticación se obtiene combinando diferentes peines y trazos. Si precisa un perfilador, puede construirlo a partir de un naipe de cierta rigidez y consistencia.

La raspadura con un mango o un buril incrementa las capacidades de esta técnica aunque enfría el acabado. Los motivos geométricos y los basados en la repetición son los que mejor resultado dan. En todos los casos, proceda meticulosamente y no maltrate el soporte.

Rayado y raspadura

Tanto un compás y una aguja para hacer punto como el mango de un pincel o una punta diamantada son herramientas potenciales para estos menesteres.

Encontrará soportes forrados con láminas de distintos acabados metálicos. Si da una capa de tinta china o de pintura acrílica y espera a que esté seca, su posterior raspadura resultará muy atractiva.

Empleando adecuadamente estas técnicas sobre papel de gramaje medio se pueden diseñar envoltorios muy originales y sugestivos.

PROYECTO 22

Bandeja

La decoración geométrica de esta bandeja de aire rústico aporta un matiz sencillo a la vez que cálido en su entorno.

MATERIALES
bandeja de madera
cartón rígido
tijeras
cinta adhesiva
regla calibrada
emulsión
pintura al agua
barniz
esponja
material de pintura

Rayado y raspadura

1 ▸ *Prepare la superficie de una bandeja vieja (véase pág. 13) o, en su defecto, adquiera una nueva para decorar. Aplique entonces una pintura blanca de base. Una vez seca, enmascare el perímetro interior de la bandeja.*

2 ▴ *Mida el área que va a decorar y recorte un trozo de cartón de iguales dimensiones que el motivo seleccionado. Emplee las tijeras para efectuar el dentado del peine.*

3 ▴ *Pigmente la emulsión con pintura acrílica azul de cobalto (véase pág. 12). Extienda la mezcla sobre la superficie interior y proceda a peinar uno de los módulos.*

4 ▸ *Alterne el rayado vertical con el horizontal y proceda así sucesivamente cuidando que la emulsión pigmentada no se seque.*

5 ◂ *Extienda ahora la misma emulsión en los laterales de la bandeja y trátelos con una esponja seca. Una vez seca toda la pintura, levante la cinta adhesiva y barnice la pieza.*

75

Cómo hacer regalos y objetos con pintura

PROYECTO 23
Bolas de Navidad

Hemos empleado tres pelotas de ping-pong, pero usted puede recurrir a otros materiales como el poliestireno o el papel mâché.

MATERIALES
pelotas de ping-pong
pinchos de brocheta
cinta adhesiva y
  pegamento
pintura al agua
barniz acrílico
material de pintura
utensilio afilado
hilo dorado
abalorios
alambre fino

Rayado y raspadura

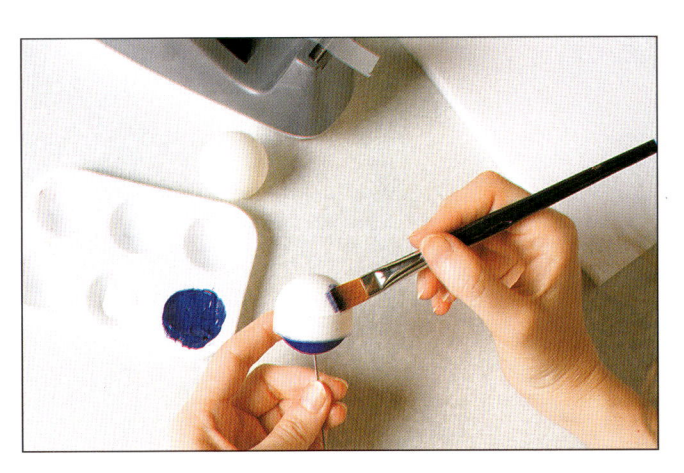

1 Perfore una de las pelotas con el pincho de brocheta y píntela de blanco. Tras cada capa, deje secar la pelota sobre una pieza de poliestireno o póngala en el borde de una mesa. Reserve el centro de la pelota con un poco de cinta adhesiva. Pinte las regiones superior e inferior de un mismo color, rotando la pelota desde el pincho de brocheta.

2 Despegue la cinta adhesiva y decore esta franja en un tono contrastado. Pinte con un pincel perfilador sendas líneas a ambos lados de la franja central.

3 Con un objeto punzante, rasque líneas concéntricas a partir de ambos polos de la pelota. Raye estrellas en la franja central a intervalos regulares, trace los límites superior e inferior de la misma y añada los demás detalles. Limpie la superficie y dé una mano de barniz acrílico.

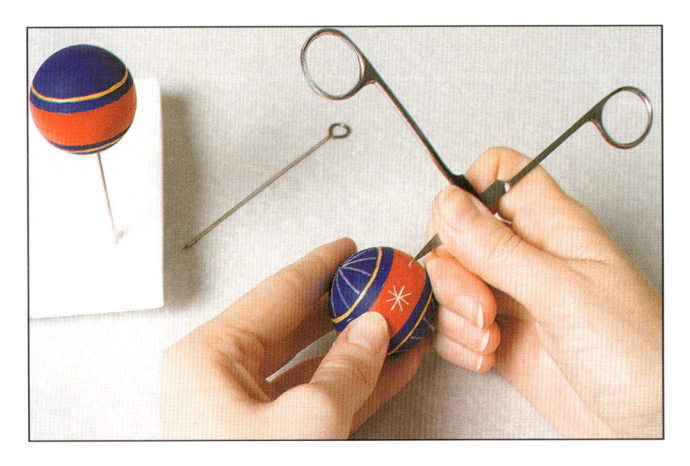

4 Doble un segmento pequeño de alambre hasta obtener una alcayata y pásela a través de uno de los abalorios. Introduzca la pieza resultante por el orificio de la pelota y encólela con pegamento. Para finalizar, anude un bucle de hilo o una cinta dorada a la alcayata.

PROYECTO 24

Carpeta

La combinación justa de módulos rectilíneos y ondulados genera la ilusión de las aguas de ciertos tejidos de seda, efecto óptico muy acentuado en la carpeta que se ilustra.

MATERIALES

papel grueso
cartón
emulsión o médium
pintura al agua
peine y esponja
cinta para encuadernar
cuchilla y plancha
  de corte
lápiz y regla
lazo negro
adhesivo en aerosol

Rayado y raspadura

1 *Tiña la emulsión con la pintura acrílica (véase pág. 12). Corte dos hojas de papel de idénticas dimensiones. En una de ellas, extienda la emulsión pigmentada con una esponja o una brocha plana y pase un peine de dentadura ancha para dejar un rastro ondulado.*

2 *Con la mezcla todavía húmeda, pase el peine en el mismo sentido pero trazando líneas rectas. Pinte y peine ahora la segunda hoja y espere a que ambas se sequen.*

3 *Recorte dos trozos de cartón algo menores que el papel y cúbralos con las hojas terminadas. Encólelas tan finamente como le sea posible. Preste atención a la fotografía y refuerce las esquinas con la cinta para encuadernar.*

4 *Coloque ambas piezas boca abajo de modo que sus extremos inferiores queden ligeramente separados. Utilice la cinta de encuadernar para unir dos de sus lados largos. Abra la carpeta y señale la anchura del lazo justo en el centro de las caras largas no unidas. Realice dos ranuras tan anchas como el lazo.*

5 *Deslice un trozo de lazo a través de cada una de las ranuras y cósalo al cartón. Tome una hoja grande de cartulina negra de anchura algo inferior a la de las hojas y el doble de larga. Marque dos líneas en el lomo de la carpeta y péguela en su interior.*

79

Salpicado

Este método goza de gran aceptación entre el público infantil, quizá porque su ejecución puede degenerar en una experiencia caótica. La técnica del salpicado logra efectos sutiles por sí misma y funciona perfectamente en combinación con otras.

Hasta controlar el uso de la brocha en estas tareas, le recomendamos cubrir con papel de periódico el área de trabajo y las zonas aledañas; si es posible, trabaje dentro de una caja de cartón, restrinja su paleta a colores acrílicos y vístase con prendas viejas.

La consistencia de las mezclas es de suma importancia: la pintura muy rebajada con frecuencia chorrea, mientras que una emulsión demasiado espesa tiende a formar inoportunas burbujas y bolsas de aire. Dicho esto, le recomendamos hacer varias pruebas sobre papel borrador hasta ajustar las proporciones.

Para lograr un salpicado fino, cargue de pintura un cepillo de dientes, una brocha para estarcir o un cepillo para uñas, y deslice un dedo sobre las cerdas en dirección hacia usted de modo que se provoque una lluvia de motas en sentido opuesto. Según su proximidad o lejanía con respecto al soporte, el rociado variará.

Efectos más enérgicos se obtienen con el empleo de brochas de cerdas más largas. Una vez cargada de pintura, puede dar golpecitos contra el mango de un pincel mientras «sobrevuela» el área de trabajo. Si deseara acabados todavía más expresionistas, propine golpes rápidos y secos muy cerca de la superficie utilizando una emulsión de consistencia similar a la leche.

La aplicación de varios colores en un moteado fino resulta más que efectiva. Deje que las capas se sequen antes de rociar de nuevo la superficie y experimente con tonos diferentes.

Utilice un cepillo de dientes para moteados finos, y brochas de cerdas rígidas y más grandes para salpicados abiertos. La pintura en aerosol crea rociados muy uniformes.

Salpicado

Puede enmascarar ciertas zonas colocando objetos naturales y/o plantillas. El método ideal implica su fijación plana en el soporte.

Pisapapeles
Extienda una capa de base sobre guijarros o cantos rodados de río y salpique en un tono contrastado. Personalícelos estarciendo sus iniciales.

81

PROYECTO 25

Paraguas

Con la ayuda de una plantilla se obtuvo este motivo de inspiración celta. Si los materiales empleados no son impermeables, el paraguas se convierte en una encantadora sombrilla.

MATERIALES

paraguas
papel de calco
lápiz
cuchilla y plancha de corte
plástico adhesivo
pintura para tejidos
cepillo de dientes
plancha

Salpicado

1 Calque el motivo y transfiéralo al reverso de un trozo de plástico adhesivo (véase pág. 14). Recórtelo con la cuchilla hasta extraerlo de una sola pieza.

2 Despéguelo y colóquelo en el centro de una de las caras del paraguas. Cargue un cepillo de dientes viejo con pintura para ropa rebajada y deslice un dedo sobre las cerdas (haga una prueba sobre papel borrador). Motee ligeramente la zona ocupada por la plantilla.

3 Con la pintura seca, haga lo propio sobre la cara contigua del paraguas. Una vez finalizado este proceso, proceda a fijar la pintura de acuerdo con las directrices del fabricante.

PROYECTO 26

Varita mágica

Unas motas de pintura dorada o plateada bastan para sugerir un cierto halo de magia y misterio, transformando un pedazo de madera en la varita ideal de un hada.

MATERIALES
aglomerado
varilla de madera
papel de calco
lápiz
sierra y papel de lija
pegamento de contacto
cepillo de dientes
pintura al agua
barniz acrílico
material de pintura

Salpicado

1. Calque la estrella y transfiérala al aglomerado ampliando, si lo desea, su escala (véase pág. 14). Vacíela con la sierra de marquetería. Corte, asimismo, la varilla de madera y lije los cantos de ambas piezas.

2. Pegue el extremo del mango detrás de una de las puntas de la estrella. Pinte la varita de un tono azul vistoso, aplicando varias capas si fuera necesario.

3. Con la yema de los dedos aplique pintura dorada en el mango y en el perímetro de la figura. Cargue ahora el cepillo de dientes viejo con la misma pintura dorada y motee levemente la varita. Déjela secar y protéjala con una capa de barniz acrílico.

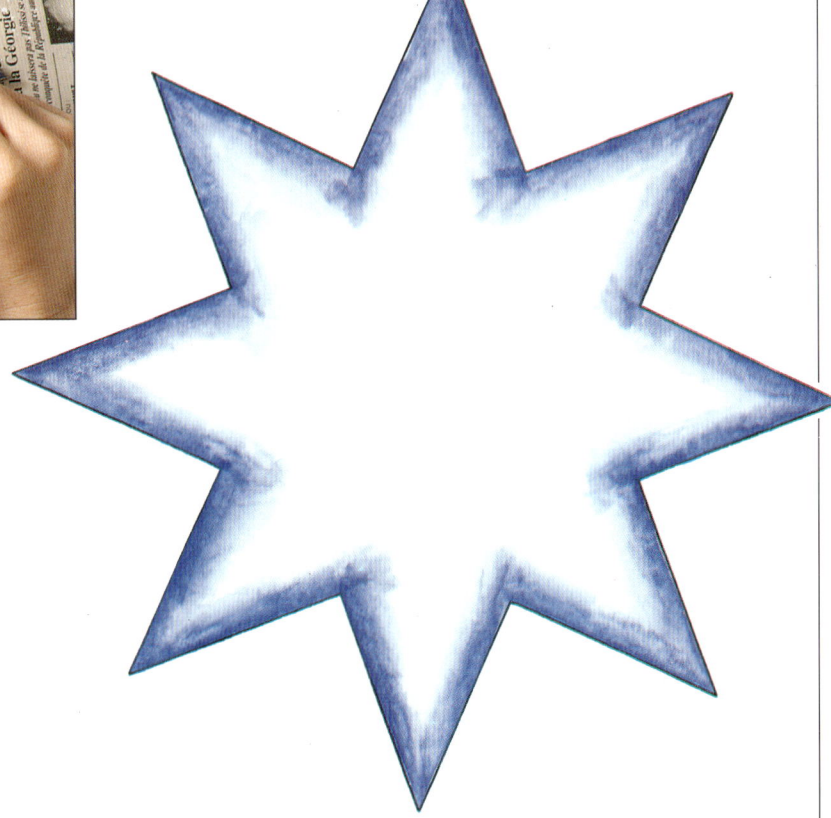

85

PROYECTO 27
Posavasos de pórfido

El pórfido es un mineral que fue muy codiciado en tiempos romanos. Combinando el moteado y el salpicado pueden emularse sus matices.

MATERIALES
posavasos de madera
pintura acrílica
emulsión acrílica
esponja
material de pintura
cepillo de dientes
barniz acrílico

Salpicado

1 Aplique una base de pintura blanca y opaca. Con ésta ya seca, extienda una emulsión pigmentada en tono malva o violeta oscuro con una brocha plana (véase pág. 12).

2 Con la veladura húmeda, haga presión sobre esta capa utilizando una esponja sintética, hasta obtener un acabado texturado o moteado. Déjelo secar.

3 Diluya pintura blanca hasta conseguir una densidad semejante a la de la leche. Cargue una brocha grande y salpique el posavasos golpeándola contra el mango de un pincel. Haga pruebas sobre papel hasta lograr manchas de tamaño mediano.

4 Cargue ahora el cepillo de dientes con pintura dorada y deslice su dedo sobre las cerdas; el resultado se asemejará al de un elegante jaspeado. Permita que se seque.

5 Pinte el perímetro de los posavasos con la misma pintura dorada y barnícelos ordenadamente, esperando a que ambas caras se sequen por completo.

Cómo hacer regalos y objetos con pintura

Materiales impermeables

Determinados materiales impermeables no congenian con las pinturas acrílicas, hecho que, con un cierto grado de control, puede resultar muy provechoso. En estos casos, el secreto está en exprimir al máximo las propiedades del material.

Existe una sustancia líquida para enmascarar disponible en establecimientos especializados. Se trata de un compuesto a base de látex que, una vez agitado, se aplica con una brocha mojada. Tras unos minutos de espera, se puede extender un lavado de color por encima y, con ambas capas ya secas, proceder a disolver el líquido con un borrador blando o frotando ligeramente con los dedos.

La cera fundida se comporta muy bien sobre tejidos, aunque no es recomendable para proyectos infantiles. Se aplica con una brocha o una tarjeta de cartón grueso. Acto seguido, se tiñe la tela y la cera se elimina pasando la plancha. A resultas de enmascarar determinadas zonas con cera y del empleo de tintes diversos, se obtienen trabajos sobre tela de gran suntuosidad y riqueza (*batik*). Si es usted principiante en esta técnica, utilice una vela blanca a modo de lápiz para dibujar sobre papel y dé un lavado de color posterior.

Las ceras pigmentadas y el pastel oleaginoso se aplican de manera análoga. Cubiertas con témpera o pintura acrílica negra, la raspadura de estas ceras crea hermosos acabados. Por su parte, los diseños de cola blanca son siempre entretenidos y curiosos. Trabaje sobre papel de alta densidad y añada color con acuarelas.

Las barritas de cera y el líquido para enmascarar no se mezclan con las pinturas al agua.

Materiales impermeables

Envoltorios de batik
Los diseños realizados con cera fundida impiden la penetración del tinte para ropa.

Huevos teñidos
Unte con aceite vegetal un huevo previamente vaciado (véase pág. 99) y pegue sobre él una hojita fresca. Introdúzcalo en una media vieja y sumérjalo en tinte para alimentos.

Pintura con cola
Trace un motivo con cola blanca. Una vez seco, dé un lavado tenue de color a la superficie y se sorprenderá del resultado.

Cómo hacer regalos y objetos con pintura

PROYECTO 28

Bolsas para regalo

Una bolsa es la solución ideal para envolver objetos de forma irregular. En el caso que nos ocupa, se utilizó líquido para enmascarar no miscible con acuarelas.

MATERIALES

papel de estraza
líquido para
  enmascarar acuarelas
material de pintura
lápiz
regla calibrada
cuchilla y plancha
  de corte
pegamento
perforador
cinta o cordel

90

Materiales impermeables

1 ▶ *Agite el líquido para enmascarar concienzudamente. Decore el papel de estraza tal y como se muestra en la figura. Procure que no se seque la brocha y enmiende los errores con un poco de agua.*

2 ▶ *Cuando se haya secado el enmascarador, aplique un lavado tenue de color sobre toda la superficie. Permita que se seque y elimine el fluido con el dedo o, si lo prefiere, con una goma de borrar blanda.*

3 ▶ *Trace sobre el mismo papel la forma y el tamaño de la bolsa deseada; encontrará las dimensiones de la confeccionada en este ejemplo en la página 157. Recórtela y dóblela según las líneas dibujadas. Pegue la pestaña interior y haga lo propio con las de la base, doblando primero hacia dentro las laterales.*

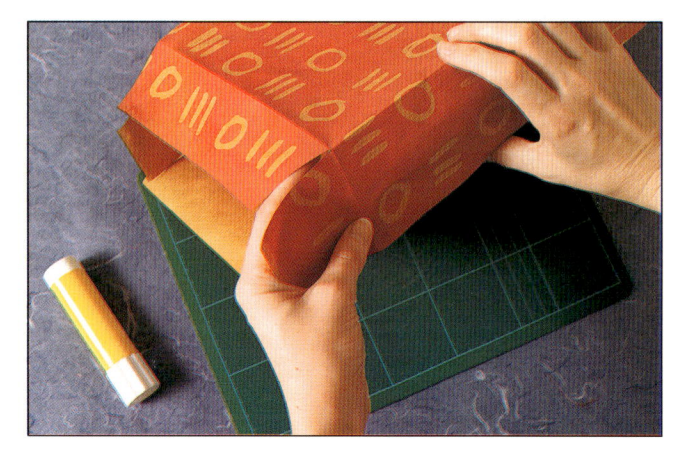

4 ▶ *Presione ambos laterales para obtener un pliegue. Haga cuatro agujeros con el perforador en el borde superior de la bolsa. Corte dos porciones de cinta o cordel y deslícelas a través de los orificios, anudándolas a modo de asa.*

Cómo hacer regalos y objetos con pintura

PROYECTO 29

Rótulo

Delimite el territorio habitado por un niño colgando un tarjetón en el picaporte de su puerta. La leyenda se dibujó con cera convencional de vela.

MATERIALES
papel blanco
cartón
cordel
cola blanca
lápiz
cuchilla y plancha
 de corte
regla calibrada
vela
pintura al agua
material de pintura

92

Materiales impermeables

1 ▶ *Escriba el nombre del niño en un soporte de cartón. Unte el cordel en cola blanca y dispóngalo sobre la leyenda. Espere a que se seque.*

2 ◀ *Coloque la hoja de papel blanco encima de las letras y frote cada una de ellas con la base de una vela blanca. Asegúrese de que no se mueva el soporte mientras realiza esta operación.*

3 ◀ *Emplee una brocha plana y de pelo suave para aplicar una veladura de pintura al agua. Las letras no deberán haberse teñido después del lavado de color. Déjelo secar.*

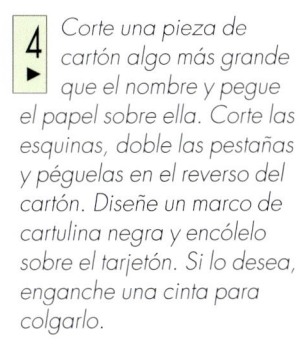

4 ▶ *Corte una pieza de cartón algo más grande que el nombre y pegue el papel sobre ella. Corte las esquinas, doble las pestañas y péguelas en el reverso del cartón. Diseñe un marco de cartulina negra y encólelo sobre el tarjetón. Si lo desea, enganche una cinta para colgarlo.*

PROYECTO 30

Portarretratos

El fondo negro realza el contraste cromático de las ceras pigmentadas. Seleccione colores que armonicen con los de la imagen que desee enmarcar.

MATERIALES
cartón blanco
papel de calco
ceras pigmentadas
pintura al agua
lápiz y regla
cuchilla y plancha de corte
utensilio afilado
pegamento
barniz acrílico
material de pintura

Materiales impermeables

1 Mida las dimensiones de la fotografía que pretende enmarcar. Marque y recorte una pieza de cartón adaptada a este propósito. Corte ahora otra pieza igual de fondo aunque sin la ventana interior. Coloree el marco con las ceras pigmentadas.

2 Extienda a continuación una capa densa y cubriente de pintura acrílica o témpera negra. Déjelo secar.

3 Con el extremo del mango del pincel o con cualquier otro objeto puntiagudo, trace líneas quebradas y perimetrales. Si lo cree conveniente, haga pruebas previas en papel borrador. Barnícelo con pulcritud.

4 Sitúe la fotografía entre el marco y el soporte de fondo. Calque el diseño de la pieza de apoyo sobre cartón y recorte sólo las líneas continuas. Presione ligeramente las líneas punteadas y haga un doblez. Pegue, por último, la pestaña de esta pieza detrás del marco.

Marmolado

¿Dónde reside el encanto intemporal de las decoraciones marmoladas, sean sobre papel, lienzo o madera? Posiblemente su atractivo estriba en la infinidad de detalles y la complejidad sugerente y armónica de los remolinos obtenidos. Tal vez y simplemente, radique en la exclusividad irreproducible de cada motivo; o en la sugestión mágica de esta técnica que combina las aguadas con la aplicación de pintura casi seca y los empastes.

La técnica del marmolado (que no ha de confundirse con la imitación del mármol) basa sus propiedades en el hecho de que ciertos tipos de pintura flotan en agua en lugar de diluirse en ella. Los diseños se transfieren y fijan cuando situamos papel o tela sobre la superficie de un baño de color acuoso. Es posible marmolar objetos tridimensionales sumergiéndolos en el baño de color.

A mayor densidad de los colores, mayor es también el grado de control sobre la pigmentación final. En el Proyecto 32, vemos cómo flota la tinta en agua para dar lugar a una decoración de gran delicadeza.

El baño de pintura obtenido al mezclar colores al óleo y agua enriquecida con cola para empapelar puede manipularse con objetos punzantes para conseguir curiosos y hasta miméticos diseños.

El control máximo del marmolado se logra combinando acuarelas con un baño de musgo perlado o de Irlanda. Es el más complejo de los métodos para marmolar y requiere materiales específicos.

Emplee un gotero, una caña para bebidas o un dosificador para posar gotas minúsculas sobre un baño de color.

Las tintas para jaspear producen efectos pálidos y sutilezas al flotar en agua. Aquí fueron transferidas a un pedazo de tela con el que se construyó una bolsita.

El óleo puede rebajarse con White spirit o con esencia de trementina y suspenderlo en agua. Utilice pinturas para principiantes antes que otras más caras.

▰◀ *Prepare la mezcla acuosa y déjela reposar en una cubeta. Tiña la pintura rebajada y trace motivos diversos con un objeto puntiagudo. Pose el papel o la tela sobre la solución sin que se formen burbujas. Levántelo y escurra el exceso de pintura con trozos de papel de periódico.*

Se trata de una pieza de marmolado clásico, diseñada con un peine y realizada con acuarelas y musgo perlado de Irlanda. Esta técnica funciona bien tanto en papel como sobre tela.

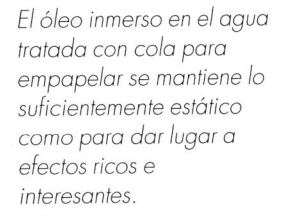

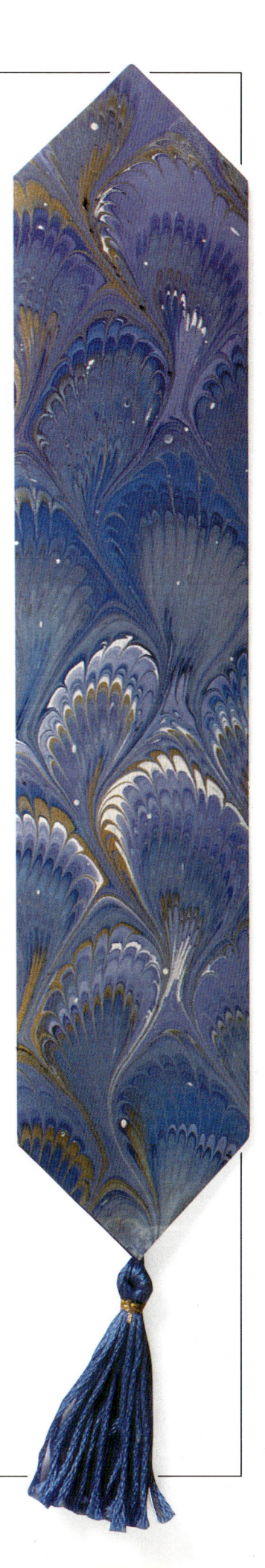

El óleo inmerso en el agua tratada con cola para empapelar se mantiene lo suficientemente estático como para dar lugar a efectos ricos e interesantes.

97

Cómo hacer regalos y objetos con pintura

PROYECTO 31

Huevos marmolados

El atractivo de algunos objetos tridimensionales se magnifica con el jaspeado, incluso en el caso de un humilde huevo.

MATERIALES
huevos de gallina
alumbre
pintura acrílica
cola para empapelar
una varilla
pincho de brocheta
cañas para beber
alambre
barniz

98

Marmolado

1 Los huevos deben estar a temperatura ambiente. Perfórelos en las partes superior e inferior con una varilla y ensanche sendos orificios con el pincho de brocheta. Presione hasta penetrar en la yema. Succione a través del agujero superior y extraiga la clara y la yema. Limpie y enjuague el huevo en agua.

2 Deslice el alambre a través del huevo y defórmelo en ambos extremos construyendo dos bucles. Disuelva a continuación una cucharada pequeña de alumbre en dos tazas de agua. Sumerja el huevo en la solución y espere a que se seque. El alumbre potenciará su capacidad de adherencia.

3 Mezcle agua y cola para empapelar no tóxica. Recomendamos una consistencia similar a la de la clara de huevo. Viértala en un recipiente y déjela reposar durante una hora. Rebaje la pintura acrílica y use cañas para bebida con objeto de distribuirla sobre la solución.

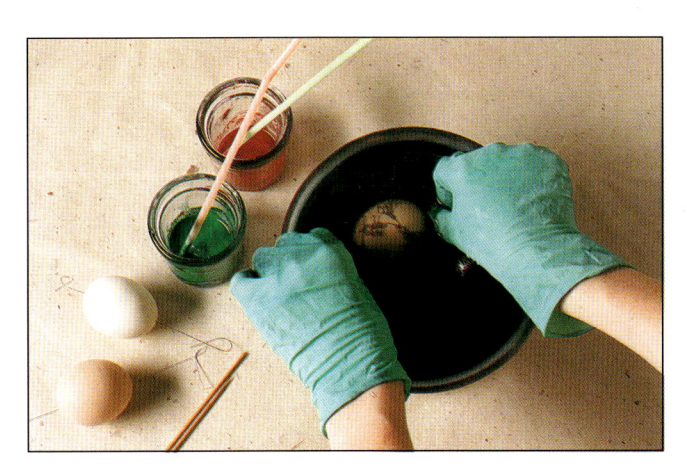

4 Remueva la pintura con el pincho de brocheta y sumerja el huevo en la solución pigmentada. Extráigalo verticalmente y cuélguelo del alambre para que se seque: no enjuague la solución. Una vez seca la pintura, barnice la pieza y déjela secar. Elimine el alambre y disponga los huevos en un cuenco.

PROYECTO 32

Móvil

Las tintas para jaspear dejan rastros muy apropiados para un móvil infantil. Si lo desea, puede rellenar las piezas con esencia de lavanda para así perfumar una estancia.

MATERIALES
tejido de seda o algodón
cubeta
tintas para jaspear
pincho de brocheta
papel y lápiz
tijeras
fibra de relleno
material de costura
cinta o lazo
aro de madera

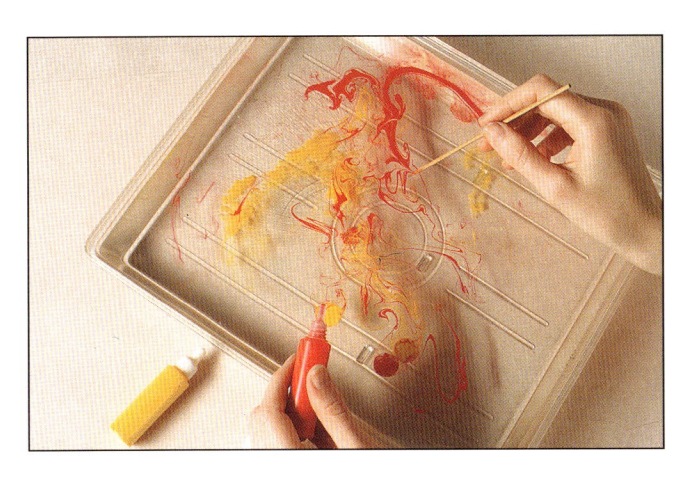

Marmolado

1. *Lave y planche el tejido. Llene una cubeta con agua, añada tinta para jaspear y remuévala. Coloque la tela en la cubeta sin que aparezcan bolsas de aire. Levántela y déjela secar sobre una superficie plana.*

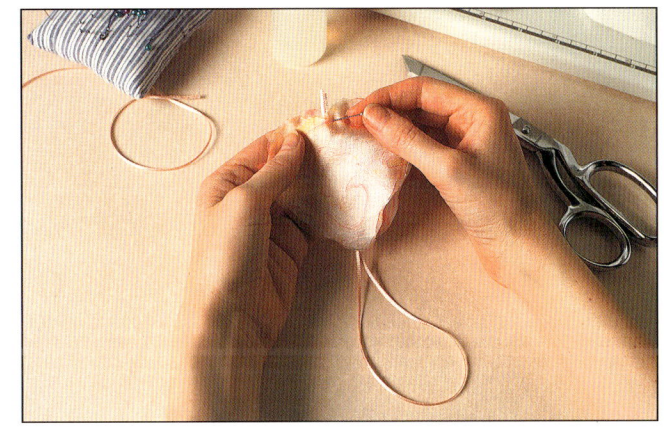

2. *Calque el diseño en un papel y recórtelo a modo de plantilla. No olvide dejar un margen de unos 5 mm para el dobladillo. Corte sobre la tela dos caras para cada corazón. Hilvane los bordes o aplique líquido para prevenir el deshilachado.*

3. *Ponga una cara sobre su gemela. Corte 45 cm de cinta, dóblela por la mitad y ubíquela entre ambas caras, alineada a partir de los extremos superiores. Cosa la pieza dejando un pequeño espacio para volverla del revés. Refuerce las zonas prominentes y vuelva los corazones del revés.*

4. *Introduzca el relleno y cosa la abertura. Pinte el aro en un tono blanquecino y anude los corazones a él de manera equidistante. Recorte otras cuatro cintas y ate un extremo alrededor del aro y el otro en un aro de menor diámetro que será el eje de sustentación del móvil.*

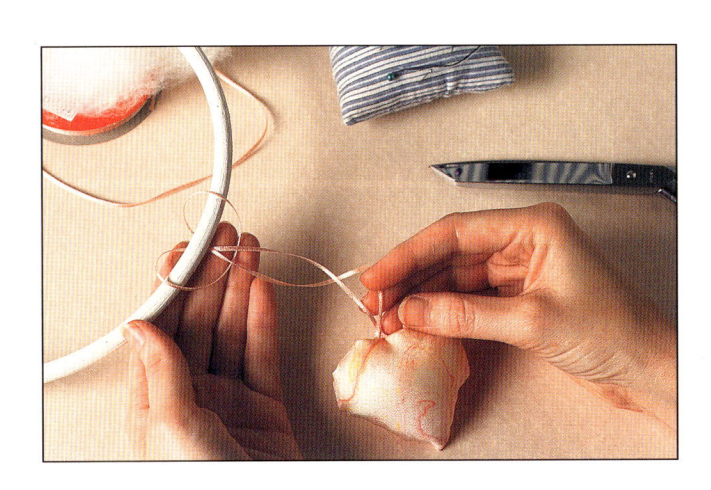

PROYECTO 33

Cubilete para pinceles

Cada artista precisa un recipiente donde almacenar sus pinceles limpios y cara arriba.

MATERIALES

papel blanco
cola para empapelar
material para el marmolado
pintura al óleo
trementina mineral
cartón rígido
tubo de cartón
pegamento
lápiz, regla y plancha
 de corte
barniz acrílico

Marmolado

1 Mezcle agua y cola para empapelar hasta lograr una consistencia semejante a la de la clara de huevo. Vierta la mezcla en un recipiente y permita que repose durante una hora. Diluya el óleo con White spirit o esencia de trementina y esparza unas gotas sobre la solución.

2 Experimente con los colores y las formas usando un peine. Este motivo se obtuvo arrastrando una serie de líneas en múltiples direcciones. Coloque una hoja de papel en la cubeta, levántela cuando se haya impregnado de color y limpie los residuos con agua fría. Extienda el papel sobre una superficie plana.

3 Corte un tubo de cartón de unos 10 cm. Construya la base del cilindro en cartón duro. Recórtela y péguela en el lugar que le corresponde.

4 Rodee el cilindro con el papel jaspeado y péguelo desde el borde. Recorte varias pestañas en el papel sobrante, dóblelas y péguelas sobre la base. Cubra la base con un círculo de papel decorado haciendo lo propio en su cara interna. Barnice el cubilete.

Cómo hacer regalos y objetos con pintura

Estampación

Los dos capítulos siguientes están dedicados a sendas técnicas relativas al trabajo de impresión. La expresión más sencilla de este concepto consiste en cargar un objeto de pintura y presionarlo contra un soporte absorbente.

Cualquier material capaz de retener la pintura es apropiado para la estampación: desde superficies porosas como las de espuma hasta otras mucho más pulidas y poco absorbentes como el linóleo. Este último tiene la ventaja de poder ser fácilmente vaciado con la ayuda de herramientas muy simples.

Medite sus proyectos, pues toda estampación produce imágenes invertidas. Si pretende imprimir leyendas, deberá diseñarlas como si las viera a través de un espejo. Es aconsejable rellenar con lápiz aquellas zonas que no han de ser estampadas con objeto de prevenir errores al confeccionar las plantillas.

Corte las gomas de borrar o las patatas con una cuchilla afilada; hágalo siguiendo el contorno y radialmente para vaciar las zonas no aprovechables. Si desea trabajar con linóleo, caliéntelo ligeramente y mantenga sus manos lejos de la línea de corte. Proveáse de una cuchilla plana para los trazos rectos y de gubias en forma de U y de V para vaciar grandes áreas.

La pintura suele aplicarse con brocha o con rodillo de grabado aunque, cuando se trabaja con espuma, resulta más eficaz extender la pintura sobre un soporte plano en el que posteriormente cargarla. Si se trata de objetos como gomas o patatas, empape una esponja con pintura rebajada y colóquela sobre un plato.

El concepto de la estampación tiene como principal virtud la de facilitar el trabajo de repetición. Los diseños con figuras geométricas permiten crear efectos de *patchwork* a resultas de invertir el patrón. Proceda con orden y planificando sus proyectos con antelación.

Estampación

La manipulación inteligente de la superficie de un borrador posibilita la estampación de diseños versátiles y muy adecuados para el trabajo con tinta.

Las hojas frescas y recias, así como las medias naranjas o manzanas, dan lugar a hermosísimos estampados.

Con una exigua planificación podrá estampar una cenefa simétrica y coherente. La de la figura se realizó con tintes para tela y es de inspiración grecolatina.

Cómo hacer regalos y objetos con pintura

PROYECTO 34
Lámpara de noche

Las medias lunas y las estrellas de esta pantalla resultan ideales para el dormitorio. Si no encuentra una pantalla azul, entele una usada.

MATERIALES
pantalla
gomas de borrar
pintura dorada
cuchilla
papel de calco
etiquetas adhesivas
lápiz
cinta adhesiva
material de pintura

106

Estampación

1. Dibuje o calque los motivos en las etiquetas adhesivas (véase pág. 14). Vacíe cada una de las figuras y péguelas en las gomas que harán las veces de sello.

2. Con la cuchilla, recorte la figura hasta obtener su contorno en relieve. Vacíe las partes no útiles y elimine la plantilla de papel.

3. Unte el área de contacto con pintura dorada y presiónela firmemente contra la pantalla. A medida que progrese, rote la pantalla y alterne las estrellas con las medias lunas. Cargue de pintura la goma siempre que sea necesario.

4. Reserve el pie de la lámpara con la cinta para enmascarar y trace dos líneas perimetrales, también doradas y paralelas.

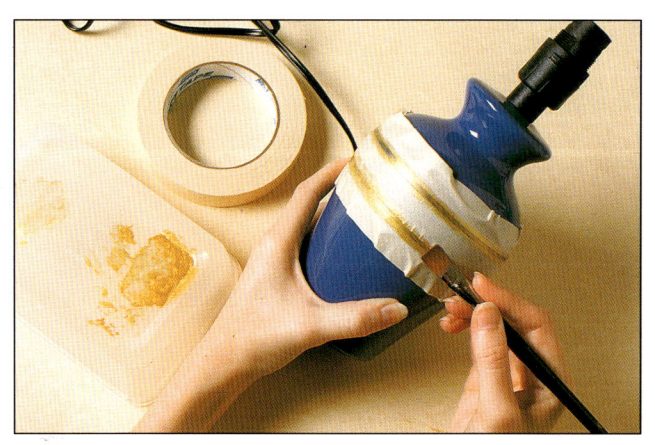

PROYECTO 35

Sombreros para disfraces

He aquí un divertimento infantil cuya elaboración requiere la supervisión de un adulto.

MATERIALES

cartulinas de colores
papel borrador
lápiz
cuchilla y plancha
 de corte
patatas
pintura acrílica
pegamento
material de pintura

108

Estampación

1. Haga un boceto a tamaño natural del sombrero en papel borrador. La corona se confecciona cortando irregularmente uno de los lados de una tira de cartulina; el sombrero de pirata, a partir de una pieza curvada de extremos alargados; y el medieval está basado en un triángulo con un extremo curvo. Todo ello se hizo con plantillas de cartón delgado y recortando con la cuchilla.

2. Corte una patata en dos mitades y elimine el exceso de humedad con papel secante. Haga un dibujo sencillo en ambas caras y vacíelo con la cuchilla.

3. Antes de estampar, haga pruebas en papel borrador. Aplique abundante pintura y presione la patata contra la superficie de la cartulina. Si el resultado fuera defectuoso, cerciórese de que la superficie de la plantilla sea del todo uniforme. Proceda de igual manera en todos los casos.

4. Una vez que la pintura esté seca, confeccione y pegue las cartulinas. El sombrero de pirata mantiene su forma debido a que posee un pieza (horma) de cartón en su interior.

109

Cómo hacer regalos y objetos con pintura

PROYECTO 36

Saquitos

Una vez que haya confeccionado este sello floral a partir de una pieza de linóleo, sólo le restará decidir si lo emplea para decorar mantelería, cortinas, papel...

MATERIALES
tela de algodón
linóleo
lápiz
papel de calco
gubias y cuchillas
tinte para ropa
rodillo de grabado
material de costura
cinta o lazo

Estampación

1. Trace el motivo y transfiéralo de manera invertida sobre linóleo (véase pág. 14). Delimítelo con una cuchilla recta, incidiendo oblicuamente y hacia fuera de la zona de contacto. Vacíe las áreas que no habrán de estamparse con una gubia de perfil en forma de U. Los puntos se obtienen rotando verticalmente este instrumento.

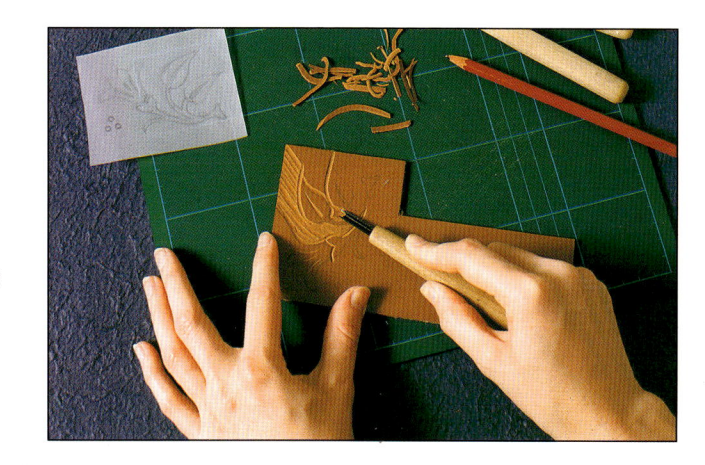

2. Corte una pieza de tela de algodón de unos 23 cm cuadrados. Dóblela por la mitad, marque el pliegue y vuelva a abrirla. Cargue de pintura el linóleo usando el rodillo de grabado. Haga pruebas preliminares y pula el corte del sello si lo considera conveniente. Cárguelo de nuevo con pintura y proceda a su estampación.

3. Puntee el perímetro para evitar su deshilachado y cosa un dobladillo de 1 cm en la parte superior. Doble la tela por el pliegue y con las caras exteriores en su lugar. Cosa un dobladillo de 5 mm en el lado y en la base.

4. Coloque el saquito con la cara decorada hacia arriba y doble el borde superior hacia dentro (unos 5 cm). Rellénelo de lavanda o de cualquier popurrí aromático y anude el cuello con la cinta.

Cómo hacer regalos y objetos con pintura

Impresión monocroma

El capítulo anterior versaba sobre el empleo de las técnicas de estampación con objeto de crear diseños basados en la repetición. En el presente, hablaremos sobre una variedad de la estampación de índole netamente artística. Es más sencilla que la anterior pero su ejecución requiere un alto grado de espontaneidad.

Un monotipo se confecciona creando una imagen con tinta o pintura contra la que luego se presiona un soporte de papel o tela. Se obtiene una única impresión irrepetible pues al entintar de nuevo la imagen, la reimpresión presenta siempre ligeras modificaciones.

La «plancha» original puede ser un pedazo de cristal, una pieza de acetato o incluso una bandeja de repostería. Asegúrese de que la superficie esté limpia y sea relativamente plana. Mezcle cola para empapelar y una emulsión pigmentada bastante densa o, en su defecto, entinte la plancha con productos específicos para este fin. Procure trabajar con tintas de secado lento que permitan su manipulación y con una consistencia adecuada. Es recomendable que los principiantes manejen papel antes que tela (material este último que habrá de ser flexible y manipularse sin restos de apresto).

Puede entintar la matriz con rodillo y una capa de pintura delgada para posteriormente hacer rayas y dibujos sobre ella (véanse págs. 72-73) o bien puede extender la pintura con una brocha. Con esta opción es posible lograr efectos similares a la pintura convencional. Imprimiendo sobre cristal o acetato podrá pintar cualquier diseño y alterarlo posteriormente antes de hacerlo permanente.

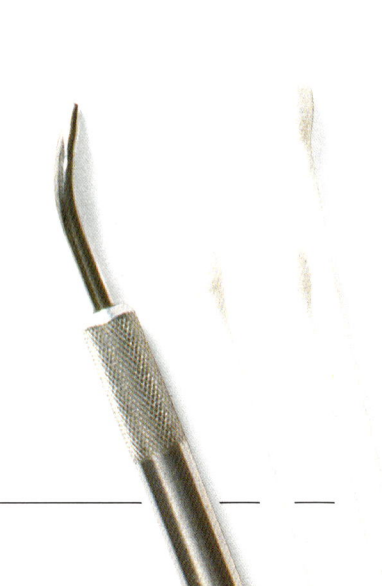

El rodillo de grabado permite la extensión homogénea de la pintura.

Impresión monocroma

La técnica del monotipo puede realizarse tras incidir directamente sobre la matriz (véase el Proyecto 37) o después de dibujar sobre una plancha cargada de tinta (véase el Proyecto 38).

La repetición de un mismo motivo también es posible, y el caballito de mar del Proyecto 39 así lo atestigua. Sin embargo, con este método la creación de un diseño más variado hubiera implicado tan sólo un poco más de esfuerzo.

PROYECTO 37

Cometa

Este proyecto ilustra la impresión monocroma de un cordel, actividad muy lúdica y atractiva para los más pequeños de la casa.

MATERIALES
papel resistente
pintura negra
cordel
varillas de madera
cinta métrica
cola
sierra de marquetería
tijeras
anilla de cortina

Impresión monocroma

1 Corte dos varillas de madera de 6 mm de diámetro: una de 60 cm de longitud y otra de 40 cm. Coloque la más pequeña perpendicularmente encima de la primera y a un tercio de su longitud total. Anude ambas con un cordel.

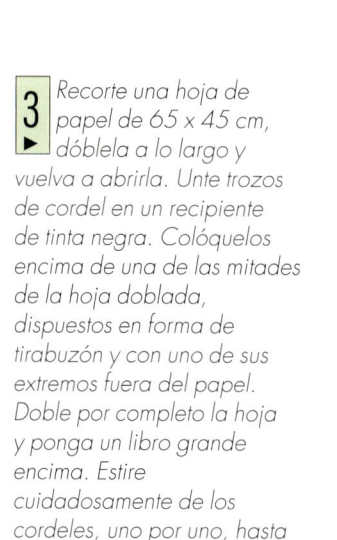

3 Recorte una hoja de papel de 65 x 45 cm, dóblela a lo largo y vuelva a abrirla. Unte trozos de cordel en un recipiente de tinta negra. Colóquelos encima de una de las mitades de la hoja doblada, dispuestos en forma de tirabuzón y con uno de sus extremos fuera del papel. Doble por completo la hoja y ponga un libro grande encima. Estire cuidadosamente de los cordeles, uno por uno, hasta extraerlos. Abra la hoja de papel.

5 Corte retales del papel decorado a modo de pequeñas «mariposas» de una anchura no superior a los 15 cm. Arrúguelas ligeramente por su eje central y átelas (ocho de ellas, aproximadamente) a intervalos de 25 cm sobre el cordel de control. Para finalizar, anude el cordel en la base de la cometa.

2 Realice una incisión idéntica en los cuatro extremos de las varillas con la ayuda de la sierra. Pase por todas ellas un cordel hasta obtener la silueta de un diamante. Ate con firmeza los extremos del cordel.

4 Recorte el papel con una longitud 2,5 cm mayor en cada uno de sus lados con respecto al armazón de la cometa. Pula los vértices y encole el papel a las varillas. Doble por la mitad 55 cm de cordel. Haga con él un bucle a través de la anilla de cortina y anude sus dos extremos a ambos lados de la cometa. Ate otra porción de cordel al extremo superior, páselo por la anilla y asegúrelo ahora en la base.

PROYECTO 38

Diario

El monotipo encuentra un amplio campo de aplicación en los soportes bidimensionales, tal y como demuestra este diario en forma de acordeón.

MATERIALES
papel blanco
cartón rígido
plancha de cristal
tinta de grabado
rodillo
instrumental para rayar
barniz en aerosol
adhesivo en aerosol
cuchilla, regla y
  plancha de corte
cinta o lazo

Impresión monocroma

1 Limpie una plancha cuadrada de cristal o equivalente de unos 15 cm de lado. Extienda tinta negra y cubriente con la ayuda del rodillo. Trace líneas o dibujos sobre la zona entintada, repitiendo el proceso si no fueran de su agrado.

2 Coloque una hoja de papel blanco sobre la plancha y presione con el mismo rodillo hasta que el contacto sea total. Levante el papel con sumo cuidado y repita lo anterior con un pedazo de papel nuevo.

3 Corte dos cuadrados de cartón de 14 cm de lado. Con los monotipos ya secos, rocíe sus respectivos reversos con el adhesivo en aerosol y péguelos sobre el cartón. Ingletee las esquinas, dóblelas y pegue el papel. Barnice el conjunto.

4 Corte una pieza de papel blanco y rectangular de 13 x 78 cm. Señale intervalos de 13 cm en la parte superior y en la base. Doble cada una de las hojas a modo de acordeón y, si lo desea, añada más páginas pegándolas entre las tapas.

5 Coloque una de las tapas invertida y pegue a ambos lados sendas porciones de cinta de unos 40 cm de longitud. Encole la parte final del acordeón a la contraportada y proceda, por último, a realizar lo propio con la portada.

PROYECTO 39

Cojín marino

Puede realizar numerosas variaciones empleando motivos relacionados con la fauna y la flora marinas: conchas, estrellas, erizos, caballitos de mar...

MATERIALES
tela de lino o algodón
acetato o cristal
pintura para tejidos
rodillo de grabado
papel y lápiz
papel de calco
hilo para coser al bies
ribete
relleno para cojín
material de costura

Impresión monocroma

1 Corte una pieza de papel blanco tan grande como quiera su cojín. Dibuje un caballito de mar y cálquelo sobre el papel. Invierta el dibujo dando simplemente la vuelta al papel de calco una vez más.

2 Recorte dos pedazos de fibra natural (lino o algodón, preferentemente) del tamaño deseado. Extienda una capa fina de pintura para tela sobre la plancha de acetato o cristal. Deposite con suavidad un pedazo de tela sobre la plancha.

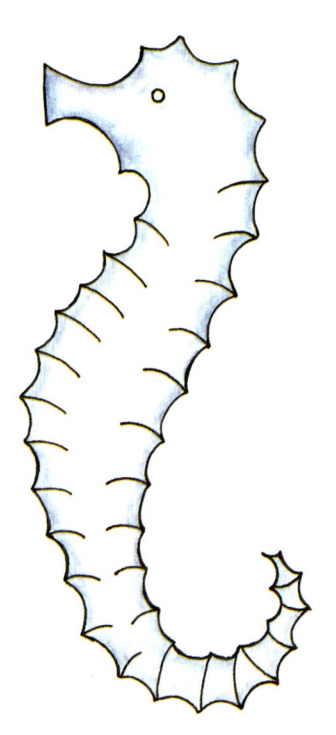

3 Coloque el dibujo cara arriba y fíjelo encima de la tela. Repase los trazos con cualquier objeto punzante intentando no apoyarse sobre la tela. Levante el papel y despegue la tela. Deje que se seque durante un tiempo y fije la pintura en consonancia con las instrucciones del fabricante.

4 Encaje el ribete en hilo coloreado para coser al bies e hilvánelo en derredor del diseño, de manera que los extremos de la tela y la costura queden alineados. Coloque encima la parte posterior y cosa el perímetro tan cerca como pueda del ribete y dejando un dobladillo generoso. Pula las entregas y deje un espacio para volver la pieza del revés. Recorte las esquinas a un cierto ángulo. Vuelva el cojín del revés, rellénelo abundantemente y, para acabar, cosa la abertura.

Estarcido

El estarcido consiste en enmascarar ciertas zonas para aplicar la pintura de forma selectiva, dando como resultado el motivo vaciado de una plantilla. Gracias a que las plantillas son reutilizables, esta técnica se adapta muy bien a los trabajos de repetición, con la ventaja de que se comercializan gran cantidad de plantillas y diseños estándar.

Al confeccionar las suyas propias, no olvide cortarlas de modo que las plantillas sean de una sola pieza, construyendo «puentes» si es necesario. En determinados casos, se aconseja simplificar los motivos. El acetato, por su flexibilidad y transparencia, es un material muy apropiado para estos menesteres. El cartón fino proporciona también excelentes resultados y, además, nunca se astilla. Calque y transfiera sus diseños al soporte elegido (véase pág. 14), vacíe las plantillas y déles una mano de tapaporos a fin de prolongar su vida útil. Corte las siluetas con una cuchilla de precisión; asegure las plantillas pegándolas al soporte con cinta adhesiva y trabaje con soltura.

Los pinceles y las brochas para estarcir poseen cerdas cortas y duras, todas ellas de idéntica longitud y, genéricamente, se emplean en movimientos descendentes, secos y sincopados. La pintura debe ser espesa para que no se deslice bajo la plantilla y emborrone los contornos. Elimine el exceso de pintura sobre papel borrador antes de proceder al trabajo definitivo. El movimiento siempre debe ser desde el exterior hacia el interior de la plantilla. En zonas muy extensas puede, si lo prefiere, aplicar la pintura con una esponja, y lograr así acabados más suaves. Una vez finalizada la operación, limpie y seque la plantilla.

Si desea estarcir en varios tonos, enmascare las zonas donde piensa aplicar colores distintos o bien fabrique plantillas para cada color.

Emplee una cuchilla de precisión y una plancha de corte a fin de vaciar las plantillas. El pincel de estarcido es la única herramienta específica para esta técnica, debiendo trabajar siempre con uno del tamaño adecuado.

Estarcido

Como se ve en estos frisos y cenefas, el estarcido es una técnica adaptable a las tareas de repetición, pudiendo también emplearse para decorar material de escritorio, juegos de mesa o señaladores de lectura.

Busque la simplificación y la sobriedad en sus diseños y recurra a los «puentes» si los necesita. Algunos de los motivos de este libro, como la flor del Proyecto 36, pueden fácilmente ser adaptados a esta técnica.

PROYECTO 40

Papel de cartas

Escribir sobre papel estarcido es un auténtico placer. El proyecto aquí propuesto es además un excelente regalo.

MATERIALES
cartulina
papel de cartas
sobres
papel de calco
lápiz
cuchilla y plancha de corte
barniz acrílico
pintura al agua
pincel de estarcido

Estarcido

1 *Recorte un pedazo de cartulina tan ancho como el papel de cartas. Transfiera el diseño ornamental a la cartulina (véase pág. 14) y vacíelo con una cuchilla de precisión. Barnice la plantilla por ambos lados para así prolongar su vida útil.*

2 *Ubique la plantilla en la franja superior del papel y fíjela. Cargue el pincel con suficiente pintura acrílica y elimine el exceso si lo hubiera. Pinte el motivo dando ligeros golpes en vertical (como si moteara). Cerciórese de que la pintura no se cuela bajo la plantilla y levántela cuidadosamente.*

3 *Utilice el diseño más pequeño para decorar la solapa del sobre. Le aconsejamos el empleo de colores contrastados para lograr un mejor efecto.*

4 *Doble por la mitad todas las hojas dejando el dibujo en la cara visible. Por último, confeccione fajos de hojas y sobres atando unos pocos con un cordel o una cinta a juego.*

PROYECTO 41

Individuales

El estarcido bicolor de este juego de manteles y servilletas rezuma un innegable sabor africano, contribuyendo a generar un conjunto muy desenfadado y vistoso.

MATERIALES
Tela de lino o algodón
acetato
lápiz
papel de calco
cuchilla y plancha
 de corte
pintura para tejidos
pincel de estarcido
cinta adhesiva
material de costura

Estarcido

1 Corte un pliego de tela de algodón fuerte o de lino en rectángulos y cuadrados del tamaño de un mantel individual y de una servilleta respectivamente. Haga un doblez perimetral de unos 5 mm de grosor y plánchelo. Recorte las esquinas oblicuamente. Doble otros 5 mm y cosa a máquina el dobladillo.

2 Calque la cenefa sobre papel. Ubique el calco sobre la plancha de corte y fije un pedazo de acetato sobre él. Utilice una regla y una cuchilla de precisión para vaciar meticulosamente la pieza.

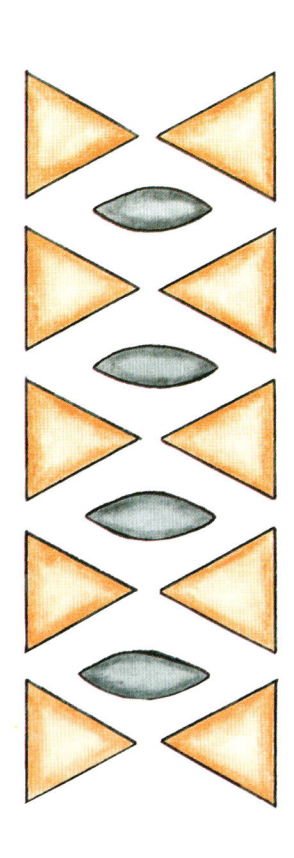

3 Reserve las zonas en negro con cinta para enmascarar y coloque la plantilla sobre el lino tal y como se ilustra. Unte el pincel de estarcido con pintura marrón para tejidos eliminando el exceso en papel borrador. Pinte las áreas no reservadas de la plantilla. Proceda de igual forma hasta apurar todas las zonas marrones.

4 Levante la cinta adhesiva y reserve ahora las zonas marrones. Con la pintura ya seca, vuelva a colocar la plantilla en su lugar y rellene a continuación los espacios de color negro. Hecho esto, déjelo secar y fíjelo todo ciñéndose a las instrucciones del fabricante.

PROYECTO 42
Bloques de madera

Los bloques de madera constituyen un juguete clásico cuyo encanto perdura generación tras generación. Procure siempre emplear materiales inocuos.

MATERIALES

madera
sierra
papel de lija
lápiz y regla
papel de calco
acetato o cartulina
cuchilla y plancha de corte
pintura al agua
pincel para estarcido
barniz acrílico

Estarcido

1 Consiga un listón de madera de sección cuadrada de unos 4 cm de lado. Marque doce bloques de otros 4 cm de longitud. Lije entonces todos los cantos.

2 Pinte cada uno de los cubos con varias capas de colores acrílicos diversos. Si lo prefiere, pinte las seis caras en colores diferentes o alternos.

3 Calque el alfabeto de la página 158 (cree la eñe a partir de la ene). Recorte veintisiete cuadrados de acetato. Coloque cada uno de ellos sobre una de las letras y vacíe sus siluetas con la cuchilla de precisión. Si utiliza cartulina, transfiera el dibujo y vacíelo de igual forma.

4 Sitúe una de las plantillas en la cara superior de un bloque y pinte la letra en color crema. Pinte letras diferentes en cada cubo sin dejarse ninguna. Finalizado esto, barnice a conciencia todos los bloques.

Dorados

Durante siglos, el empleo de las técnicas para dorar anhelaba la sugestión visual del oro. Las técnicas tradicionales se basan, fundamentalmente, en el uso del pan de oro, cuyo empleo es todavía de gran utilidad a la hora de decorar superficies extensas. En la actualidad, se comercializa una amplia gama de pinturas y pigmentos dorados mucho más asequibles y adaptables a las necesidades cotidianas.

El arte de los dorados básicamente se realiza tal y como ha sido heredado de la tradición. El soporte debe ser preparado a conciencia: tapando los poros y limpiando la superficie de imperfecciones. Como norma orientativa, una base de color arcilloso contrarresta a la perfección el frío acabado del metal. En primer lugar, la región que desee dorar deberá tratarse con una capa de goma laca. Las láminas de pan de oro son extremadamente frágiles, por lo que se recomienda cortarlas en pedazos perfectamente manejables. Tras aplicar el barniz mordiente, coloque las láminas de manera que se solapen y dé pequeños golpes con la brocha para estarcir. Los pedazos de pan de oro mal adheridos se desprenderán, y con estas «virutas» podrá cubrir espacios vacíos. Una vez dorada la superficie, puede barnizarse o dar una pátina de envejecimiento con productos específicos.

La pintura dorada (acrílica o al óleo) es más fácil de aplicar, y muy necesaria para realizar filigranas o detalles. Existen varios tipos de dorados: rojizos o amarillentos, suntuosos o más pálidos. En cualquier caso, no rebaje estas pinturas, pues el resultado sería muy poco atractivo. El uso del dorado es muy tentador, y suele conducir a un abarrocamiento excesivo. Le recomendamos, por tanto, una pequeña dosis de moderación.

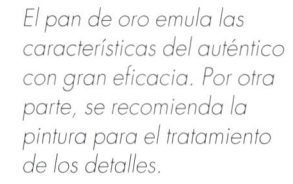

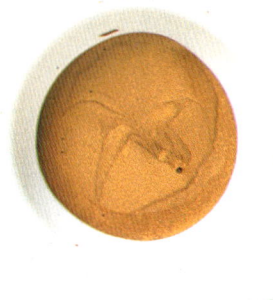

El pan de oro emula las características del auténtico con gran eficacia. Por otra parte, se recomienda la pintura para el tratamiento de los detalles.

Dorados

El dorado consigue transformar los objetos naturales en pequeños tesoros. Las formas más irregulares (semillas, vainas, etc.) deberán ser decoradas con pintura en aerosol.

Con la ayuda de los dedos, extienda la cera dorada procedente de tubos y velas sobre el soporte elegido. Se trata de un método particularmente eficaz en objetos con relieve.

PROYECTO 43

Bisutería vegetal

A partir de materiales muy asequibles y con un poco de pintura dorada, podrá transfigurar objetos simples en llamativas piezas de bisutería.

MATERIALES
madera prensada
papel de calco
lápiz
sierra
papel de lija
pintura al agua
material de pintura
barniz
cierres para joyería
pegamento de contacto

Dorados

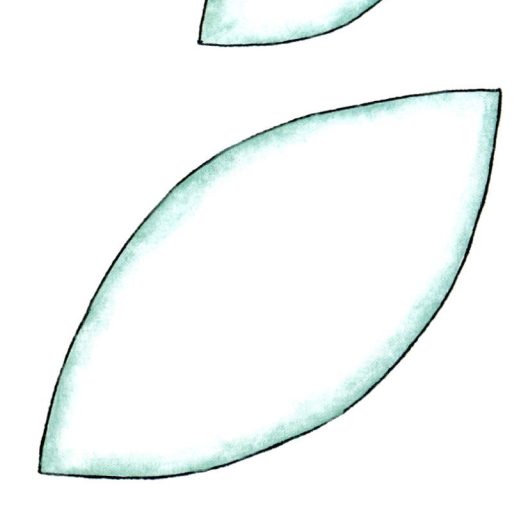

1 Calque los dibujos y transfiéralos a la pieza de madera. Use la sierra para recortar una hoja grande y dos pequeñas. Lije todos los cantos.

2 Dé una o varias capas de base en un tono azul turquesa. Una vez se haya secado la pintura, trace las nerviaciones con un pincel fino y pintura dorada.

3 Finalizada esta operación, rebaje la pintura dorada con agua y aplíquela irregularmente con los dedos en el canto de las hojas. Procure no excederse con la cantidad de pintura. Con el conjunto ya seco, barnice todas las piezas.

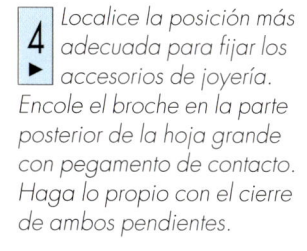

4 Localice la posición más adecuada para fijar los accesorios de joyería. Encole el broche en la parte posterior de la hoja grande con pegamento de contacto. Haga lo propio con el cierre de ambos pendientes.

Cómo hacer regalos y objetos con pintura

PROYECTO 44
Tablero de ajedrez

Este tablero se ha dorado con pan de oro, una aleación de cobre y cinc muy adecuada para este tipo de decoración.

MATERIALES
aglomerado
sierra
papel de lija
lápiz y regla
imprimador rojizo
goma laca y mordiente
pan de oro
pintura negra
barniz para dorados
material de pintura

Dorados

[1] Corte un cuadrado de aglomerado de unos 35 cm de lado y 12 mm de grosor. Pula los cantos con papel de lija. Píntelo con una base blanca y opaca. Déjelo secar y aplique una imprimación en un tono rojo de Venecia o pompeyano. Repita el proceso de imprimar si fuera necesario.

[2] Haga una cuadrícula de ocho cuadrados de 4 cm de lado. Deje un margen perimetral de 1,5 cm. Comenzando por una de las esquinas y de manera alterna, aplique la goma laca y el mordiente.

[3] Corte cuadrados de pan de oro de 2 cm de lado. Transcurridos 5 o 6 minutos, compruebe la capacidad adherente del mordiente. Sitúe las laminillas de pan dorado sobre el tablero con la ayuda de un pincel plano y seco (no se preocupe si excede la superficie que se ha de dorar).

[4] Repita el proceso hasta cubrir la mitad de los cuadrados del tablero y el margen. Elimine el exceso de pan de oro con un pincel para estarcir. Conserve estas virutas para rellenar posibles huecos.

[5] Pinte ahora el resto de los cuadrados con la pintura negra. Motee la superficie negra con exiguas cantidades de mordiente de manera que el efecto del pan de oro sobre estos cuadrados resulte atomizado. Limpie los restos de oro y, para finalizar, barnice el tablero con un producto resistente y adecuado.

PROYECTO 45
Reloj de sobremesa

La combinación clásica de dorado y la tierra rojiza resulta muy efectiva para la decoración de este reloj.

MATERIALES
madera o aglomerado
lápiz
compás
mecanismo de relojería
taladro o barrena
sierra
pintura al agua
barniz acrílico
esponja
material de pintura

Dorados

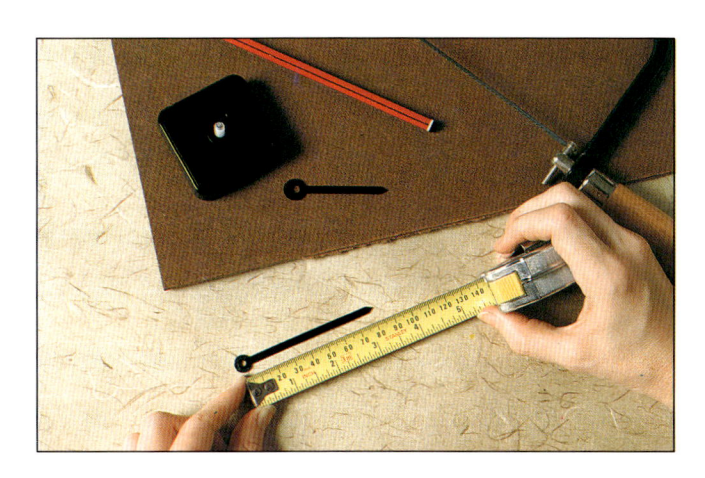

1 Corte una pieza cuadrada de madera 4 cm más larga que la más grande de las saetas del reloj. El reloj de la figura tiene 22 cm de lado.

2 Extienda dos capas de imprimador rojo y marque el centro del cuadrado. Trace con el compás dos circunferencias: una tangencial al cuadrado y la segunda concéntrica y de 5 cm de radio.

3 Delinee ambas circunferencias en tono dorado. Divida el círculo en doce secciones idénticas sobre las que trazar la numeración romana (puede calcar y transferir el patrón de la página 156). Dibújelos, asimismo, con pintura dorada.

4 Una vez seca la numeración, enmascare el círculo mayor con papel borrador y pinte las esquinas con una esponja cargada de la misma pintura dorada. Pinte ahora las saetas del reloj.

5 Taladre en el centro un orificio en el que instalar el mecanismo. Barnice la cara visible antes de proceder al ensamblado final de la pieza.

Falsos acabados

Desde tiempos inmemoriales, los artesanos del mundo entero se han preocupado por desarrollar técnicas de imitación de materiales más o menos valiosos. La reproducción de ciertos acabados no siempre se realiza con objeto de abaratar costes, sino que, en determinados casos, supone la mejor solución para problemas técnicos irrealizables a partir de materiales tan pesados como, por ejemplo, el mármol. Otras veces y por razones obvias que no expondremos, es preferible un acabado de imitación del caparazón de las tortugas carey al revestimiento con el material auténtico.

Los utensilios empleados suelen ser de bajo coste y posibilitan acabados tan dispares como un veteado de lujo sobre madera barata, los lacados de corte exótico y las ilusiones ópticas propias del *trompe l´oeil* o trampantojo.

A pesar de que ya se han expuesto los fundamentos básicos necesarios (el jaspeado, la pintura al trapo y con esponja), la puesta en práctica de todas ellas requiere de un gran acopio de paciencia. En la actualidad, los falsos acabados gozan de gran popularidad y, pese a que son técnicas basadas en el detalle y un tanto barrocas, su aplicación es compatible con la vida cotidiana de nuestra era.

Cajas y superficies planas son soportes idóneos para empezar. Otras posibilidades proceden de objetos domésticos, tales como marcos, tiestos o pequeñas piezas del mobiliario. El Proyecto 47 ilustra cómo transformar el cartón más vulgar en un objeto de metal antiguo.

Carey
Dé una mano de pintura de base negra y tape, acto seguido, los poros. Con una esponja húmeda, pinte manchas de colores dorado pálido, dorado intenso y bronce. Rebaje la pintura negra hasta lograr una consistencia similar a la de la leche y utilícela para dar una «aguada» en determinadas zonas. Con la pintura fresca y un cuentagotas, deposite alcohol sobre toda la superficie de manera que la pigmentación oscura se disperse de modo irregular.

Falsos acabados

Lapislázuli
Extienda una base en tono zafiro. Motee con la esponja cargada con azul ultramar una tercera parte de la superficie. Recuerde que se debe trabajar sobre capas secas. Haga lo propio con un verde cerceta y dorado pálido, procurando que queden amontonados en determinadas zonas. Finalmente, barnice la pieza.

Mármol verde
*Pinte una imprimación negra de base. Extienda una emulsión verde sobre tres cuartas partes de la superficie haciendo rodar oblicuamente un brocha redonda. Con la emulsión húmeda, presione sobre ella con un jirón de papel de periódico.
Trace las líneas maestras del veteado en blanco roto utilizando un perfilador o una pluma natural. Sostenga la pieza con delicadeza y dibuje hacia sí, haciendo rodar el pincel entre sus dedos para lograr vetas irregulares y discontinuas. Suavice las vetas con un pincel de cerdas blandas y trace después una maraña de nerviaciones secundarias. Una vez acabada la decoración, barnice cuidadosamente el mármol verde obtenido.*

PROYECTO 46

Marco lacado

MATERIALES
marco de madera
pintura negra
pintura roja
material de pintura
papel de lija muy fino
esponja o retal
barniz satinado

La laca japonesa auténtica es una sustancia obtenida a partir de savia vegetal. Los fabricantes de muebles de la civilización occidental han tratado de imitar este acabado desde hace cientos de años.

Falsos acabados

1 Si el marco que posee es antiguo, líjelo previamente tanto como le sea posible. Extienda una capa de pintura negra de base y permita que se seque. Repita esta operación hasta hacer invisible la madera.

2 Pinte ahora el marco en color rojo y, una vez seco, líjelo suavemente. Aplique una segunda capa roja. La superficie de acabado deberá ser perfectamente lisa y sin rastros del paso de la brocha. Rebaje la pintura si lo cree conveniente.

3 Una vez seca, humedezca un poco de papel de lija y frótelo contra ciertas zonas de la superficie. Limpie el marco con la esponja para ver el efecto. Incida como se ilustra hasta entrever el fondo negro.

4 Pase un trapo impoluto para eliminar el polvo. Es momento de barnizar la pieza con un producto de poliuretano y acabado satinado. Aplique tantas capas de barniz como crea oportunas, lijando entre capas la pieza y dejándola secar en un lugar resguardado.

Cómo hacer regalos y objetos con pintura

PROYECTO 47

Hucha

Resulta increíble comprobar cómo es posible transformar un simple pliego de cartón en un llamativo cofre del tesoro.

MATERIALES

*cartón rígido
lápiz y regla
cuchilla y plancha
  de corte
cola blanca
pistola para cola
pintura al agua
barniz acrílico
material de pintura
betún oscuro
trapo o retal*

140

Falsos acabados

1 Mida y recorte las seis caras de la futura hucha. Las dimensiones de la que se muestra son: dos caras de 19 x 7,5 cm, dos laterales de 10 x 7,5 cm y una base y una cubierta de 18,5 x 10 cm. Dibuje con el lápiz los puntos y diamantes de adorno. Corte una ranura en la cara superior para introducir las monedas.

2 Efectúe el bajorrelieve con un aplicador de cola blanca o, si lo prefiere, utilizando empastes de pintura acrílica blanca. Deje secar la pieza durante un tiempo prudencial (podría demorarse más de un día). Con una pistola de cola o silicona, monte cuidadosamente la caja.

3 Pinte una capa de base en un tono azul saturado y vistoso, esto potenciará las capas superiores enfatizando la ilusión metálica.

4 Proceda a continuación a pintar el cofre con pintura plateada. Dé tantas capas como considere oportunas.

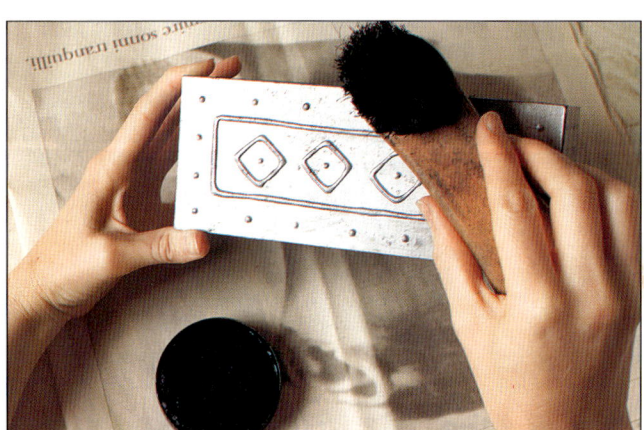

5 Manche con betún oscuro las zonas aledañas a los ornamentos en relieve y limpie las impurezas y restos con un trapo. Barnice por completo la pieza.

141

PROYECTO 48

Caja de mármol

Con ganas y paciencia, podrá emular al veteado del mármol de Siena. Para menesteres tan intrincados, el empleo de óleos siempre resultará más eficaz que el de pintura acrílica.

MATERIALES

caja
bisagras
hebilla o broche
óleos o pintura acrílica
material de pintura
trapo limpio
emulsión
barniz

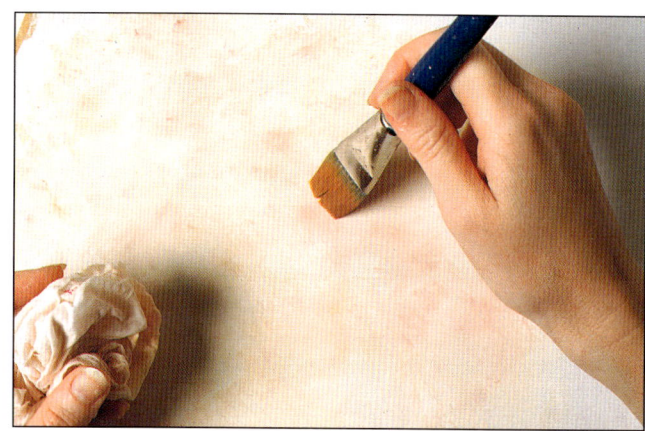

Falsos acabados

1 Extienda una primera capa mezclando blanco y tierra de Siena natural. Manche la superficie con emulsión pigmentada en tonos bermellón, tierra de Siena natural y Siena tostada (véase pág. 12).

2 Con las emulsiones todavía frescas, difumine el soporte con un trapo limpio. Suavice las entregas de color con un pincel blando hasta obtener un fondo rico y pulido.

3 Trace las vetas principales con un pincel de cerdas largas y puntiagudas. Emplee pintura gris de Payne o negro azulado. Avance con soltura hacia usted haciendo rodar el pincel entre sus dedos para que las líneas sean irregulares. Suavice nuevamente las vetas con un pincel más ancho.

4 Con el pincel puntiagudo, extienda manchas blanquecinas en determinadas zonas del veteado, difuminándolas también a continuación.

5 Utilice un perfilador muy fino pigmentado de igual manera para dibujar una maraña de vetas y fisuras secundarias. Una vez secas, barnice la caja e instale las bisagras y el sistema de apertura.

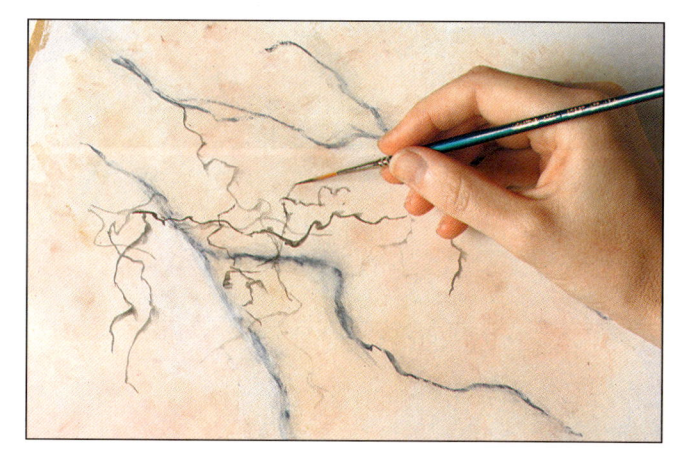

Envejecimiento

Las técnicas de envejecimiento reproducen el paso del tiempo sobre los objetos y resultan muy vistosas en las decoraciones mixtas, aquellas en las que se combinan elementos antiguos y modernos.

Existen varios métodos a su disposición. El más popular y asequible es el desgaste, que consiste en frotar la superficie a fin de revelar las capas inferiores. Incida sobre la pieza en la dirección de la veta y con la ayuda de un papel de lija muy fino previamente humedecido en agua y jabón. Para observar el resultado a medida que trabaja, limpie periódicamente el soporte con un trapo limpio.

Una posibilidad alternativa consiste en frotar una emulsión pigmentada en un tono terroso para falsear la mugre acumulada con los años. Los colores tierra de sombra natural, sombra tostada y la Siena tostada son ideales para este propósito.

A veces, el aspecto envejecido procede de la aplicación de técnicas pretéritas tales como la de origen oriental denominada *sugi*, cuyo equivalente en el mundo occidental es el encalado. Se trata de aplicar una emulsión blanca sobre la madera virgen para eliminarla parcialmente después.

Algunos metales envejecen de manera muy peculiar: al ser expuestos al aire, el cobre, el latón y el bronce adquieren una capa de tintes azulados, turquesas y polvorientos. En lengua francesa, esta pátina se conoce con el apelativo de *vert de Grece* (verde de Grecia) o, en su variante más contemporánea, como «verdete».

Las pátinas de envejecimiento han de realizarse con sensibilidad, meditando *a priori* la ubicación de las zonas más deterioradas y sucias: los bordes y las esquinas de una caja, el asiento de una silla, los tiradores de una cajonera, etc. Conceda especial atención a este tipo de detalles y los resultados serán óptimos.

En el siglo XV, los artesanos orientales empleaban el fuego sobre madera a fin de conseguir un tipo de acabado calcinado denominado sugi. Esta técnica puede realizarse también tratando una superficie pintada en color negro con silicona o masilla. Una vez que la masilla se haya secado, líjelo en la dirección de la veta, limpie la pieza con un trapo y, por último, barnícela.

Envejecimiento

El desgaste
Una vez seca, se frota la pintura con papel de lija muy fino humedecido con agua y jabón. Si quisiera decorar la pieza, desgaste primero el fondo, pinte los ornamentos y líjela posteriormente en su integridad.

Craquelados
A medida que envejece, la pintura se craquela. Este agrietado puede simularse aplicando un barniz o médium de craquelado entre las distintas capas de pintura. Las grietas más finas se consiguen cubriendo un barniz oleaginoso de secado lento con otro al agua de secado mucho más rápido.

Veladuras
Mezcle una emulsión (véase pág. 12) con pintura al óleo o acrílica de un tono tierra. Frote la mezcla sobre la superficie y elimine el exceso de pintura. La emulsión discurrirá por grietas y fisuras, hecho que posibilita la combinación de esta técnica con cualquiera de las anteriores.

PROYECTO 49

Cajas craqueladas

MATERIALES
juego de cajas
pintura acrílica
médium para craquelar
barniz acrílico
material de pintura
esponja

Con un ribete dorado y barniz para craquelar, puede transformar este juego de cajitas nido en una encantadora antigüedad.

Envejecimiento

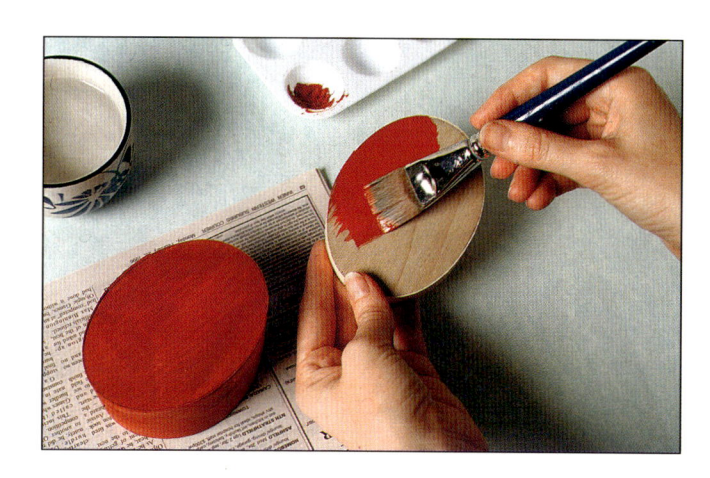

1 Si desea pintar cajas antiguas, relea las instrucciones apuntadas en la página 13. Pinte una capa de base en color óxido, dando una segunda mano si es necesario. Déjelas secar.

2 Extienda una capa homogénea de médium para craquelar con la ayuda de una brocha plana. Deje que sedimente durante el tiempo indicado por el fabricante (normalmente, entre 20 y 60 minutos).

3 Aplique ahora una capa de pintura en tono crema o crudo. Puede hacerlo con la esponja o con gestos enérgicos de brocha. Las grietas más profundas se producirán allí donde el grosor de la pintura sea mayor. Absténgase de hacer correcciones una vez que el proceso de craquelado haya comenzado.

4 Con la pieza seca, trace el ribete dorado usando un perfilador. Si lo desea, pinte también el interior de las cajas. Por último, proceda al barnizado total de las cajas.

PROYECTO 50
Macetero en verdete

Simule un acabado metálico y envejecido en un macetero convencional. Éste es de terracota y requiere una capa de tapaporos.

MATERIALES
macetero de terracota
tapaporos
pintura al agua
material de pintura
esponja

Envejecimiento

1 Aplique una capa de tapaporos o de barniz al agua en toda la superficie del macetero. Una vez seca, extienda una capa de fondo en un tono gris grafito. Esta base deberá ser opaca y homogénea.

2 Frote una esponja cargada con pintura de color cobrizo eliminando el exceso en papel borrador. Realice esta operación de manera suave pero aleatoria.

3 Haga lo propio a continuación, aunque esta vez con un tono turquesa.

4 Cargue ahora una brocha grande con el mismo tono azul turquesa y rocíe la superficie deslizando sus dedos sobre las cerdas.

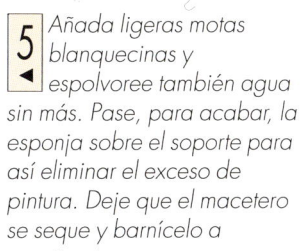

5 Añada ligeras motas blanquecinas y espolvoree también agua sin más. Pase, para acabar, la esponja sobre el soporte para así eliminar el exceso de pintura. Deje que el macetero se seque y barnícelo a conciencia.

149

Cómo hacer regalos y objetos con pintura

PROYECTO 51

Marioneta

Nos referimos a un juguete muy popular y típico de la época victoriana. Los matices pálidos imitan con precisión el aroma decimonónico de este objeto.

MATERIALES

aglomerado
papel de calco
lápiz
sierra y taladro
papel de lija
pintura al agua
material de pintura
alicates y clavos
hilo resistente
cuenta de madera

Envejecimiento

1 *Calque el diseño que se encuentra en la página 159. Confeccione plantillas de papel o bien transfiera las formas a la madera. Recórtelas con la sierra y lije todos sus cantos.*

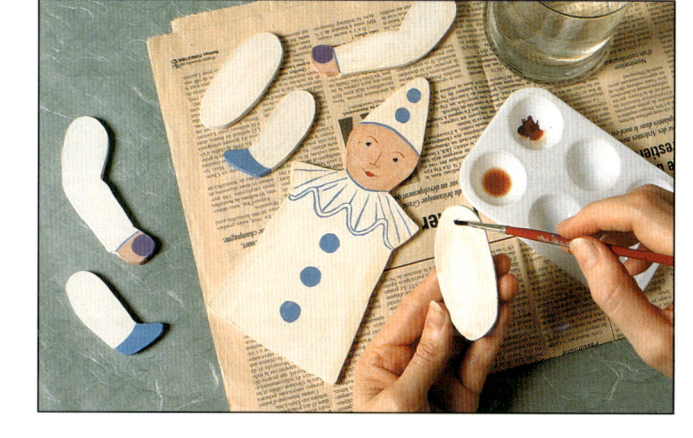

2 *Dé una capa de base con la pintura acrílica. Dibuje con el lápiz las facciones del personaje y repáselas posteriormente con pincel y pintura.*

3 *Mezcle pintura marrón con médium acrílico para rebajar el color. Aplique esta emulsión en todos los bordes y articulaciones para simular la mugre acumulada. Elimine el exceso de pintura y barnice las piezas.*

4 *Perfore las piezas tal y como se ilustra en el patrón guía. Los orificios han de ser algo más grandes que los clavos. Anude ambos muslos como se indica para que puedan luego fijarse en el torso. Haga lo propio con los brazos.*

5 *Una todas las extremidades al torso mediante los clavos. Doble sus puntas para permitir una cierta movilidad. Deslice y anude un hilo largo por los orificios restantes de modo que, si lo estiramos, las extremidades basculen. Por último, fije la cuenta de madera en el extremo inferior del hilo.*

Cómo hacer regalos y objetos con pintura

Obsequios

Como habrá podido comprobar, gran parte de las propuestas del presente volumen constituye un punto de partida ideal para la confección de obsequios. Es hora, pues, de abordar los aspectos finales de la presentación de las piezas.

Asimismo, las técnicas expuestas pueden emplearse para realizar envoltorios. Adquiera un rollo grande de papel de estraza no barnizado o de papel marrón reciclado, sobre el que se pueda estampar, salpicar, estarcir, etc. Al efectuar sus proyectos, decore un pedazo de papel a juego con objeto de disponer de tarjetas de felicitación y de un envoltorio adecuado.

En caso de tratarse de objetos de gran tamaño o con formas irregulares, le aconsejamos recurrir a las cajas o a las grandes bolsas de regalo. Se comercializan cajas de papel *mâché* a precios muy razonables y cuya utilidad puede ser múltiple. Tal y como se indica en la página 91, decore el papel antes de confeccionar la bolsa. Si desea un acabado más elaborado, unte un cordel en el mismo tono de pintura empleado para las bolsas o experimente con la pintura en aerosol, cuyas posibilidades cromáticas e iconográficas resultan siempre muy vistosas.

De izquierda a derecha: envoltorios realizados con pintura no miscible, a la esponja, rayado y estampado.

La pintura dorada en aerosol transforma cualquier objeto en un lujoso ornamento.

La combinación del papel de estraza con la técnica del rayado proporciona resultados excelentes.

Esta bolsa es perfecta para albergar objetos de volúmenes irregulares.

Etiquetas y tarjetas de felicitación

Todas las técnicas pictóricas son adaptables a la confección de etiquetas y tarjetas, independientemente del número de piezas requeridas.

Para enmarcar un diseño en la superficie de la tarjeta, emplee el procedimiento usado en la estrella del margen superior derecho de la página 155. Este tipo de tarjetones suelen comercializarse, pudiendo fabricarse también doblando un pedazo de cartulina en tres paneles y vaciando una ventana central, tras la cual se fija el diseño de papel o la tela pintada.

Como alternativa más sencilla, pegue el papel o la tela decorada en la parte externa de un tarjetón de dos paneles. Tanto las superficies marmoladas como los monotipos se transforman en miniaturas al iluminar este tipo de pequeños soportes.

La técnica más sencilla consiste en aplicar directamente la pintura en el frontal de un tarjetón de dos paneles. Si lo prefiere, corte y doble primero las tarjetas, o bien invierta el proceso empezando por su decoración. No olvide dejar el interior diáfano a fin de transcribir su mensaje con claridad. Haga las etiquetas a partir de los pequeños retales sobrantes durante el proceso.

En el sentido de las agujas del reloj: una tarjeta de dos piezas estampada con un borrador; otra de tres sobre la que se monta una tela jaspeada; una impresión vegetal; un marmolado óleo/agua; una etiqueta; una tarjeta de batik; una etiqueta estarcida.

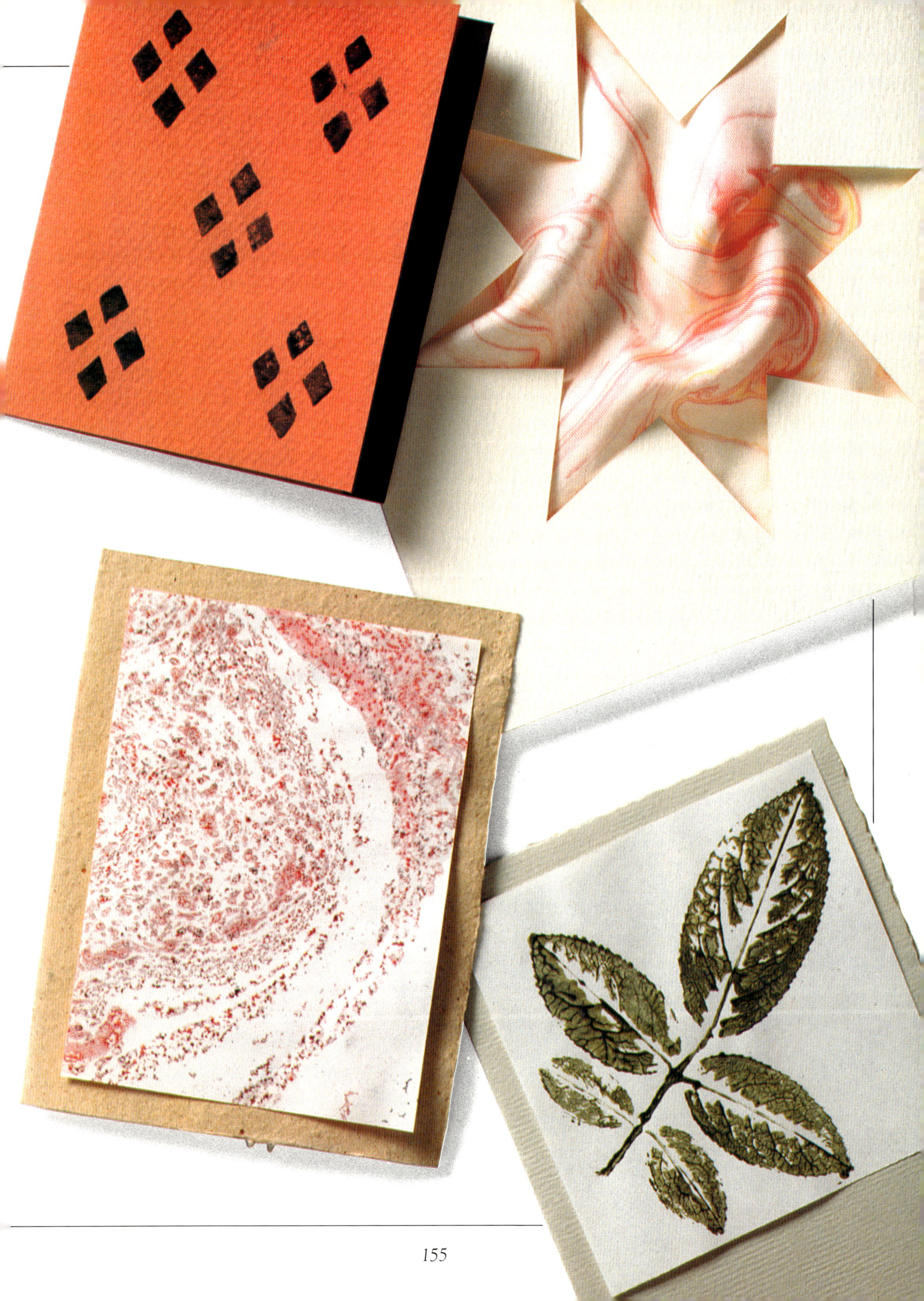

Cómo hacer regalos y objetos con pintura

Motivos para las cenefas del Proyecto 3

Numeración romana para el Proyecto 45

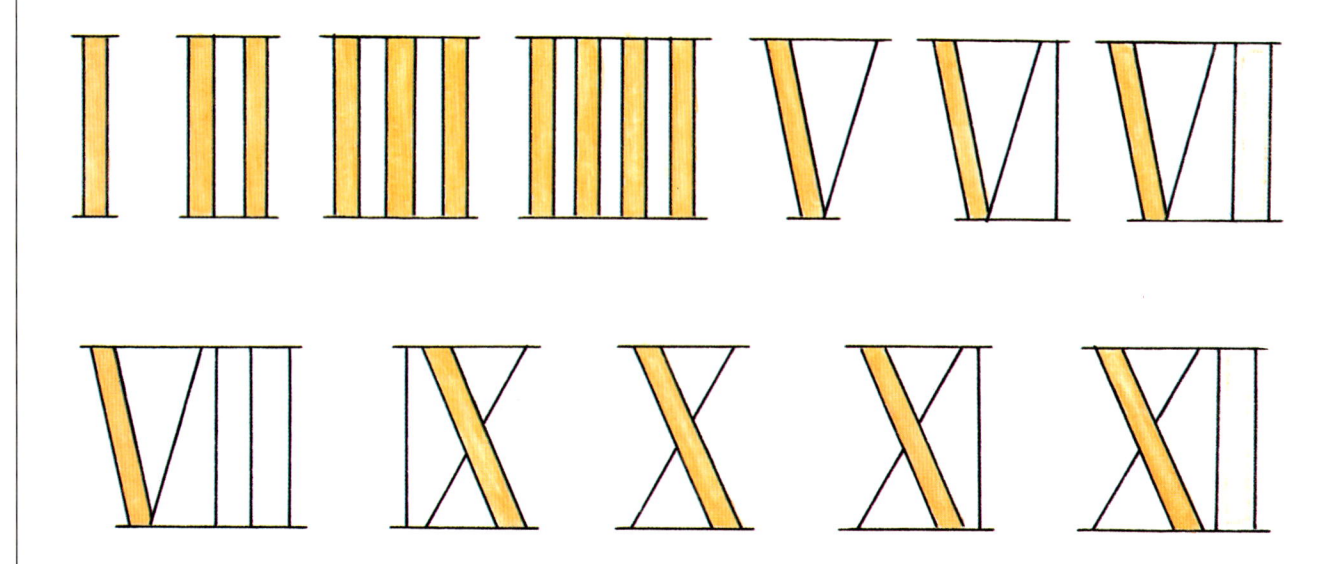

Patrones

Plantilla para la bolsa del Proyecto 28

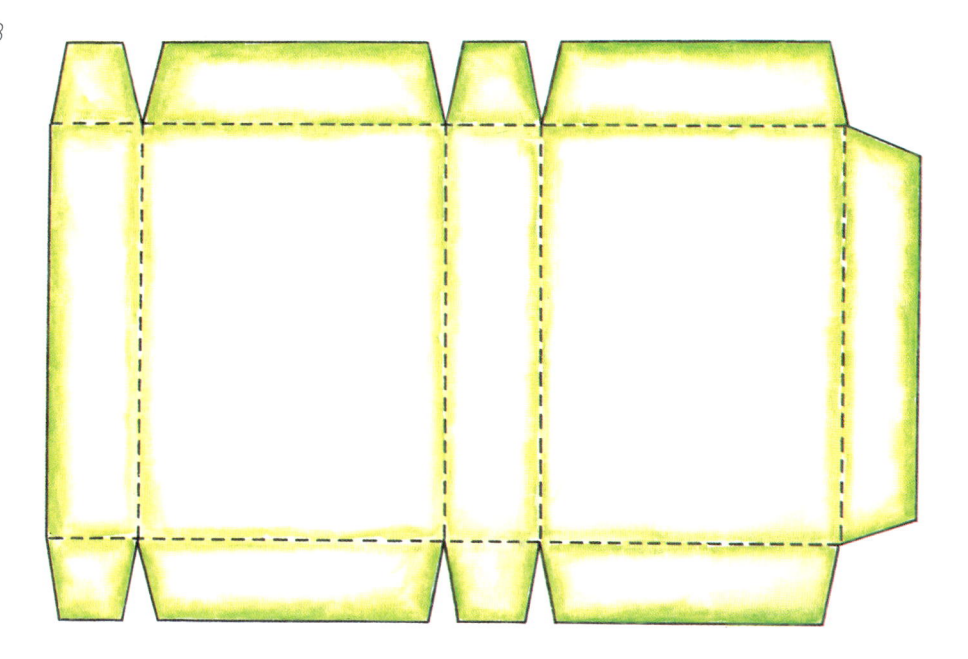

Diseño en cristal emplomado para el Proyecto 18

Cómo hacer regalos y objetos con pintura

Abecedario para el Proyecto 42

ABCDEF
GHIJKL
MNOPQ
RSTUV
WXYZ

Plantilla para la marioneta del Proyecto 51

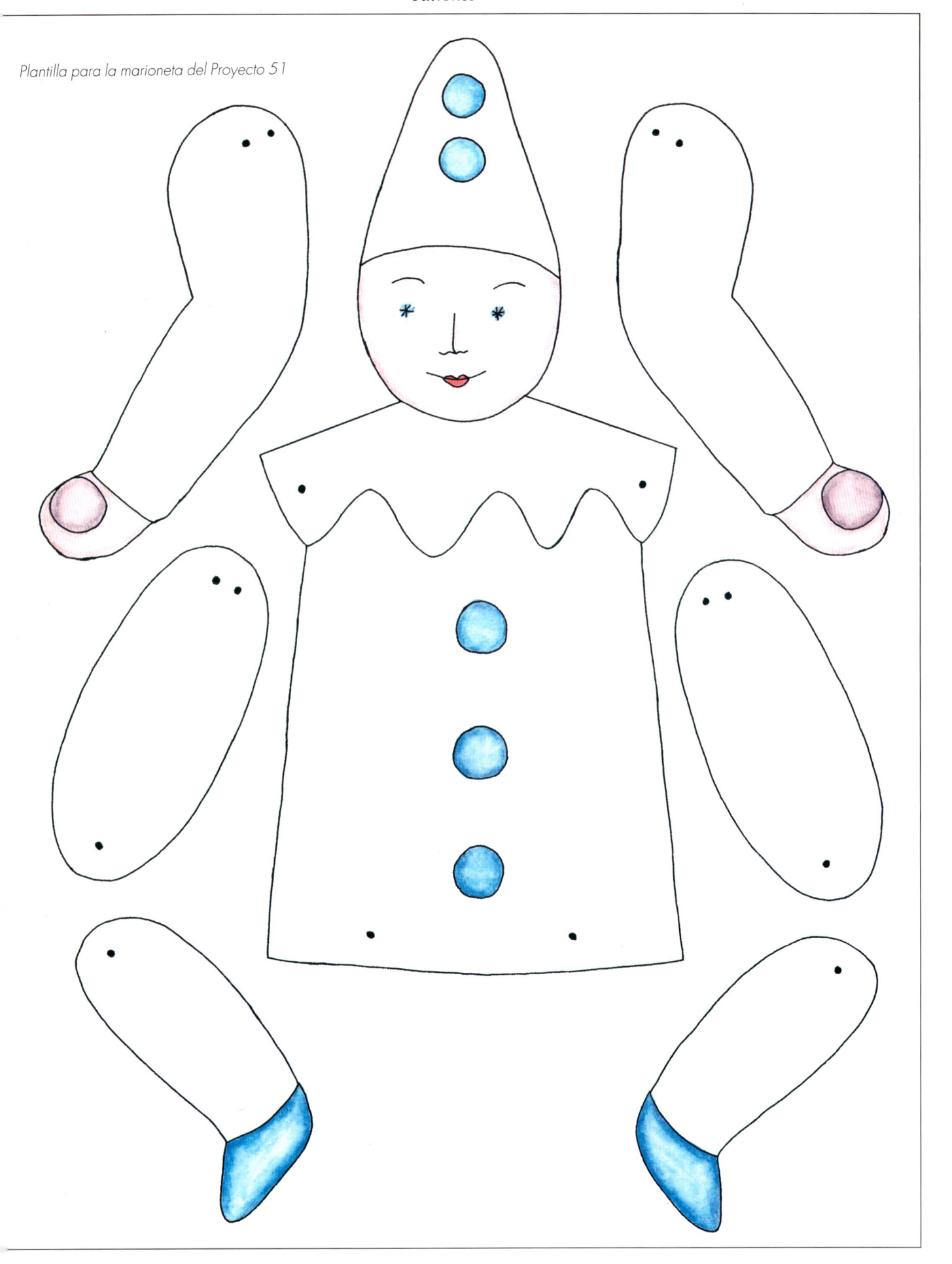

Patrones

Indice

acabados, 15
accesorios
  abanico, 20-21
  bisutería, 49, 130-131
  botones, 50-51
  broches, 18-19
  pañuelo, 38-39
  paraguas, 82-83
adornos navideños, 76-77
aguafuerte, 56, 60-61
apresto, 16, 32, 96-97
barnices, 15
batik, 88-89
bisutería, 49, 130-131
bolsas para regalo, 90-91, 152-153
botellas, 56, 58-59
cajas, 142-143, 146-147, 152
calco, 14
cenefas, 104-105
cera, 88-89, 92-93
  barras de, 88-89, 94-95
colores, 14
craquelado, 145-147
cubilete para pinceles, 102-103
découpage, 17, 22-23
desgaste, 24, 144-145
dibujos a escala, 14
dorado, 128-135
emplomado, 56, 62-63
emulsión, 12, 64, 72, 144-145
encalado, 48, 52-53
enmascarado, 11, 29, 40, 43, 47, 80, 88, 90-91
enseres de mesa, 26-27, 70-71, 86-87, 124-125
envejecimiento, 141, 144-151
envoltorios, 73, 89, 152-153
esponja, 64-69, 149
estampación, 104-111, 152-155
estarcido, 33, 120-127, 152, 154
etiquetas, 154
falsos acabados, 136-143
  carey, 136
  encalado, 144
  laca, 136, 138-139
  lapislázuli, 137

mármol, 137, 142-143
pórfido, 86-87
sugi, 144
verdete, 144, 148-149
fotografías, teñido de, 17
huevos, decoración de, 89, 98-99
impermeables, materiales, 88-95
impresión monocroma, 112-119, 154
juegos de mesa y juguetes
  bloques de madera, 126-127
  casas, 54-55
  cometa, 114-115
  dominó, 25
  escarabajos, 34-35
  hucha, 140-141
  marioneta, 150-151
  móvil, 100-101
  naipes, 66-67
  sombreros, 108-109
  tablero de ajedrez, 132-133
  tres en raya, 42-43
  varita mágica, 84-85
latas, 68-69
madera, 24-31, 74-75, 84-87, 126-127, 130-135, 138-139, 142-143, 146-147, 150-151
marcos, 94-95, 138-139
marmolado, 96-103
material de escritorio
  carpeta, 78-79
  diario, 116-117
  papel de cartas, 122-123
  pisapapeles, 81
médium, 8, 12, 32, 40
moteado, 64-65, 87
objetos domésticos
  bandeja, 74-75
  base para tetera, 41
  cojín, 118-119
  cuenco para flores secas, 44-45
  esterilla, 36-37
  frascos, 48-49, 52-53, 102-103
  latas, 68-69
  macetero, 148-149
  mantel individual, 124-125
  pantalla, 106-107
  papelera, 22-23

perchero de cocina, 28-29
posavasos, 86-87
reloj, 134-135
servilleteros, 26-27
sujetalibros, 30-31
tazones, 70-71
tetera, 46-47
vasijas, 57, 60-61
papel *mâché*, 16-19, 152
peinado, 72-75, 78-79
perfilador, 33, 39, 56-57
pinceles, 10-11
pintura, 8-9
  al trapo, 64-65, 70-71
  cerámica, 40-55, 70-71, 148-149
  con cola, 88-89
  fijación de la, 15
  médium, 8, 12, 32, 40
  para cristal, 56-63
  para tejidos, 32-39, 82-83, 100-101
  sobre, papel y cartón, 16-23, 66-67, 78-79, 90-95, 102-103, 108-109, 114-117, 122-123, 140-141
  sobre seda, 33, 38-39
preparación de superficies, 13
raspadura, 72-75
rayado, 72-73, 76-77
repetición (de motivos), 104-105, 113, 120-121
retardador (gel), 12
rótulo, 92-93
salpicadura, 80-87, 149
saquitos, 110-111
superficies (soportes)
  cerámica, 40-55
  madera, 24-31
  papel, 16-23
  porcelana, 40-47
  tela, 32-39
  vidrio (cristal), 56-63
tarjetas de felicitación, 154-155
terracota, 13, 48-49, 52-53, 148-149
utensilios, 10-11